中亚研究

2016年第1辑 总第3辑

CENTRAL ASIAN STUDIES

兰州大学中亚研究所／主办

社会科学文献出版社
SOCIAL SCIENCES ACADEMIC PRESS (CHINA)

中亚研究

CENTRAL ASIAN STUDIES

(2016年第1辑，总第3辑)

戴艳梅　中亚地区恐怖活动与反恐形势
杨　倩　中亚地区的多元化及前景和影响
朱倍德　土库曼斯坦永久中立国地位研究
魏启慧、王四海　浅析土库曼斯坦葡萄产业
李　力、张少祥　土库曼斯坦投资法律环境分析
刘　志　抗战期间苏联援建迪化飞机厂问题研究
李昕韡　阿富汗毒品问题的缘起与发展——苏联入侵前的鸦片形势（1919~1979年）
克拉拉·哈菲佐娃　海外汉学研究与国际文化交流

主办单位：兰州大学中亚研究所
主　　编：杨　恕
副主编：朱永彪
编　　委：赵常庆　潘志平　石　泽　孙壮志
　　　　　李永全　赵华胜　汪金国　焦一强
编辑部成员：曾向红　王婷婷　张玉艳

出版：社会科学文献出版社
编辑：兰州大学中亚研究所
地址：兰州市天水南路222号兰州大学中亚研究所
（邮编：730000），邮箱：zhongyayanjiu@sohu.com

目　录

地区安全与前景

中亚地区恐怖活动与反恐形势 …………………………… 戴艳梅 / 1

中亚地区的多元化及前景和影响 ………………………… 杨　倩 / 19

土库曼斯坦研究

土库曼斯坦永久中立国地位研究 ………………………… 朱倍德 / 36

浅析土库曼斯坦葡萄产业 …………………… 魏启慧　王四海 / 53

土库曼斯坦投资法律环境分析 ……………… 李　力　张少祥 / 67

丝路诗人
　　——马赫图姆库里解读 ………………… 杨海博　王四海 / 78

历史研究

抗战期间苏联援建迪化飞机厂问题研究 ………………… 刘　志 / 87

阿富汗研究

阿富汗毒品问题的缘起与发展
　　——苏联入侵前的鸦片形势（1919~1979年）………… 李昕韡 / 106

西方援助在阿富汗的"恶性循环" ……………………… 富育红 / 120

文化交流

海外汉学研究与国际文化交流 …………………… 克拉拉·哈菲佐娃 / 137

《中亚研究》约稿启事 ……………………………………………… / 152
《中亚研究》注释示例 ……………………………………………… / 154

中亚地区恐怖活动与反恐形势

戴艳梅

（公安部警卫局，北京，100741）

【摘　要】中亚地区恐怖活动形势与我国新疆反恐工作密切相关。2014年以来，受阿富汗恐怖组织、ISIS活动、经济恶化影响，中亚国家除哈萨克斯坦外，极端主义倾向趋于严重，恐怖事件时有发生，塔吉克斯坦、乌兹别克斯坦、土库曼斯坦边境面临来自阿富汗恐怖组织攻击的危险。相关国家加强了与阿富汗接壤地区的边防与反恐措施，塔阿、乌阿边境得到较好守卫，土库曼斯坦边境防卫相对薄弱。

【关 键 词】恐怖主义；反恐；中亚

【作者简介】戴艳梅，武警学院教授，主要研究方向：反恐问题。

中亚五国中与阿富汗接壤的国家有塔吉克斯坦、乌兹别克斯坦与土库曼斯坦，哈萨克斯坦与吉尔吉斯斯坦虽然与阿富汗并不直接接壤，但吉尔吉斯斯坦居民有70%信仰伊斯兰教，哈萨克斯坦居民有50%以上信仰伊斯兰教，在中东与南亚极端主义与恐怖主义活动加剧之时，人们也极易受其影响。目前，中亚五国面临较为严重的受极端主义、恐怖主义影响的地区安全严峻局面。

一 阿富汗北部恐怖组织的活动严重影响了中亚地区安全

2014~2015年，中亚地区面临着来自阿富汗北部恐怖组织的严重威胁，阿富汗塔利班与政府军的交火近60%发生在塔吉克斯坦与阿富汗的交界处。2015年6月，塔吉克斯坦边防部队指挥官拉赫蒙纳里（Раджабали Рахмонали）说，在与塔吉克斯坦接壤的阿富汗的昆都士、塔哈尔、巴达赫尚省发现聚集了1500名塔利班、"乌伊运"、ISIS①等各种恐怖组织的武装分子。② 9月，塔利班攻占昆都士后，来自中亚的"圣战者"沿着阿富汗北部聚集，把当地称作"可靠的后方基地"。③ 类似的聚集曾发生在1999年，导致"乌伊运"对吉尔吉斯斯坦南部巴特肯地区发动进攻，进攻者仅200~250人，但由于政权的衰弱，叛乱在俄罗斯等国援助下才得以平息。吉尔吉斯斯坦面临的最严重威胁是，伊斯兰激进派别的增长会造成国家南北政治分裂，以及南部吉尔吉斯人与乌兹别克人的矛盾进一步尖锐，这种矛盾曾导致了2010年的民族屠杀。

据 REGNUM 网站 2016 年 4 月 12 日报道，阿富汗情报机构在与塔吉克斯坦接壤的昆都士省的达什阿尔旗（Дашти-Арчи）县发现一个伊斯兰学校在培训恐怖分子。该学校大约有 300 名学生，他们已掌握了自杀式腰带和汽车炸弹的制作方法。据昆都士省省长奥马尔赫利亚（Асадуллу Омархеля）说，塔利班控制着该学校的运行，首领是阿富汗北部的塔利班指挥官毛拉戈尔（Джанат Гол）和昆都士省影子省长毛拉莎拉姆（Салам）。学校的负责人是一个名叫伊姆罗霍恩（Имронхон）的巴基斯坦人。昆都士省执法机构宣称，因伊斯兰学校所在地被塔利班控制，他们

---

① ISIS 是 Islamic State of Iraq and al-Sham，即"伊拉克和黎凡特伊斯兰国"的英文简称。
② На границе с Таджикистаном скопилось около 1,5 тысячи боевиков, http://rus.azattyq.org/content/boeviki-tajikis tan-afghanistan/27079359.html, 18.06.2015.
③ Центральная Азия боится подхватить афганскую заразу, http://www.inopressa.ru/article/18dec2015/wsj/afghan, 18.12.2015.

无法干涉这个学校的活动。①

到 2015 年上半年，阿富汗北部与土库曼斯坦接壤的法里亚布省 80%的地区落入塔利班武装分子手里。② 当地一些官员的亲属与塔利班合作，塔利班代表也在国家机关任职，当地长老会中也有"圣战"的支持者。公务员必须要与塔利班有关系，否则就不能在这些国家机关工作。在该省 I-SIS 和"乌伊运"恐怖组织已站稳了脚跟，"乌伊运"的武装分子已接来家眷，阿富汗安全部门曾逮捕三名"乌伊运"女"圣战者"，结果武装分子强迫政府释放了她们。这儿聚集着中亚来的武装分子，他们的据点在开萨尔县的一些村庄。他们资金充足，武器装备比较精良。中亚国家一直就是极端分子的主要目标，极端武装分子在该省的影响加强，无疑会对土库曼斯坦和乌兹别克斯坦构成威胁。

尽管中亚各国和上合组织成员国对打击恐怖主义都付出了努力，但威胁和挑战依然存在，武装分子依然在阿富汗北方活动。2016 年恐怖势力又试图为 ISIS 武装分子从东部（即楠格哈尔省、库纳尔省和努尔斯坦省）向阿富汗北方渗透开辟道路。此外，恐怖势力希望 ISIS 武装分子到瓦罕走廊、昆都士等阿富汗北部地区，特别是巴德吉斯省，因为它与土库曼斯坦的边界线最长。为了控制这个省，一些恐怖分子打算从扎布尔－加兹尼大桥穿过古尔省到巴德吉斯省。③

据阿富汗国家安全部门掌握的情报，恐怖分子花大力气沿着瓦罕走廊，穿越毒贩经常出没的高山小路首先到达塔吉克斯坦、乌兹别克斯坦和吉尔吉斯斯坦。情报机构还多次发现武装分子持中亚国家的假护照，穿过中国新疆维吾尔自治区，之后又到达哈萨克斯坦，目的是渗入俄罗斯。也有恐怖分子通过伊朗和土耳其，之后到达阿塞拜疆，然后再到中亚国家，

---

① На севере Афганистана обнаружен центр подготовки террористов, http://regnum.ru/news/accidents/2116231.html, 12.04.2016.

② Туркменистан: Приграничная провинция Фарьяб попала в руки талибов, http://www.chrono-tm.org/2015/04/turkmenistan-prigranichnaya-provintsiya-faryab-popala-v-ruki-talibov/, 17.04.2015.

③ Перемещению боевиков на север Афганистана содействуют внешние силы, http://www.warandpeace.ru/ru/commentaries/view/110636/, 07.04.2016.

土耳其有专门的中心接待这些团伙。① 显然，他们的目的是扰乱中国、俄罗斯和中亚各国的稳定局面。

阿富汗局势的恶化将对中亚产生直接影响，如果发生内部冲突，极有可能带宗教色彩。塔吉克斯坦目前已经出现极端暴力事件，塔国防部副部长在2015年9月4日发动叛乱。之后拉赫蒙总统禁止了中亚唯一合法的伊斯兰政党"塔吉克伊斯兰复兴党"的活动。该党首脑姆希金·卡比利（Мухиддин Кабири）避入欧洲，据他说，对该党的禁令可能使其成员参加恐怖组织，加剧极端主义在塔扩散。②

据来自集体安全条约组织的消息，一些人数为10人左右的团伙在中亚国家准备开展城市恐怖活动，创建地下基地。成员多是年轻激进分子，曾到阿富汗和叙利亚参加"圣战"，而后接受恐怖组织头领布置的任务回国。消息证实，地方情报机构能够成功应对这样的进攻，得益于与曾出国的极端分子的情报交换。③

与中亚相邻的阿富汗北部恐怖势力日趋活跃，与西方执行反恐双重标准不无关系。阿富汗知名地区安全问题专家、退役将军科西斯坦尼（Кохистани）在接受俄罗斯"Афганистан. Ру"媒体采访时说："塔利班变成了外国的特殊工具，不仅包括西方国家，还有波斯湾国家，塔利班与很多国家有联系。"④ 他说，有一次时任阿富汗总统卡尔扎伊无意中透露，有飞机在为塔利班提供补给，北方邻国（指中亚）的情报机构掌握这些情报，因为它们多次发现，无标志的飞机在阿富汗北部边界降落，阿富汗曾向北约联络官提出这个问题，但对方说这是在缉毒框架内的活动，事实上根本不是这样。这是在运送武装分子，从阿富汗南方向与中亚国家交界的

---

① Перемещению боевиков на север Афганистана содействуют внешние силы, http://www.warandpeace. ru/ru/commentaries/view/110636/, 07. 04. 2016.
② Центральная Азия боится подхватить афганскую заразу, http://www. inopressa. ru/article/18dec2015/wsj/afghan, 18. 12. 2015.
③ Безопасность стран Центральной Азии в контексте 《афганской угрозы》, http://www. stanradar. com/news/full/19434-bezopasnost-stran-tsentralnoj-azii-v-kontekste-afganskoj-ugrozy-chast-i. html, 19. 01. 2016.
④ Перемещению боевиков на север Афганистана содействуют внешние силы, http://www.warandpeace. ru/ru/commentaries/view/110636/, 07. 04. 2016.

北部转运。

向昆都士省 Gurtepa 县空投中亚和北高加索武装分子的活动起始于 2009 年，之后这个地区就成了阿富汗北部恐怖分子的主要中心。昆都士国家安全力量曾经抓获一帮中亚武装分子，但与当地安全力量一同到现场的外国军人说，被俘的武装分子属于"基地"组织成员，应当转交给他们，后来这些人被释放，在之后的行动中他们再次被捕，说明他们又被派去作战，这种情况在巴格兰省、卡比萨省、法利亚布省和加兹尼省都时有发生。在赫尔曼德省还曾破获一个英国人与塔利班联系的网络，该网络致使两名英国外交官被驱逐出境，这表明武装分子与这些国家有联系，而且有共同利益。

二 ISIS 对中亚地区的渗透与影响严重

自 ISIS 活跃起来后，阿富汗的军政形势再度恶化，一些阿富汗的宗教极端团体接受了 ISIS 的思想，声称是阿富汗境内的 ISIS 队伍。恐怖活动增多，对军警的袭击增多，和平居民也经常成为受害者。紧邻阿富汗的中亚不仅有可能受到这些宗教极端分子的冲击，更激进的武装分子甚至到叙利亚和伊拉克参加 ISIS 的战斗。

ISIS 加大了在中亚宣传和招募的力度。据塔吉克斯坦媒体报道，[①] 一名在 ISIS 参加"圣战"的塔吉克武装分子在网络视频上宣布，他和几位同乡已向 ISIS 头目提出申请，准备返回故乡与当地极端组织"安拉使者团"共同战斗。该组织是一个宗教极端组织，成立时间不详，2010 年因其成员实施自杀式袭击才为世人所知，之后他们发布多个视频，号召信徒参加"圣战"。2014 年塔吉克安全力量逮捕 12 名该组织成员，他们试图招募当地居民到叙利亚参加圣战。

2014 年底，网络上出现了 ISIS 信息中心制作的数十个哈萨克儿童在 ISIS 训练营进行训练的视频后，哈萨克斯坦关闭了 500 多个被指扩散"圣

---

① Грядущая джихад ISIS в Средней Азии，http://asialive.info/2015/01/gryadushaya_dzhihad_isis_v_srednej_azii_220190.html，07.01.2015.

战"思想的网站。因传播该视频,吉尔吉斯斯坦政府在 12 月也关闭了一家新闻门户网站。吉国和哈国政府想以此来表明,他们能控制局势,能对付 ISIS 的威胁。哈国副总检察长说,哈国情报机构正在确认视频上的儿童身份,争取让他们返回家乡。

受 ISIS 影响,宣传极端主义思想的案件在中亚国家多有发生。2015 年,共有几十名因与伊斯兰恐怖组织有关联,或是宣传其思想的中亚国家公民被判刑。如在互联网上,1 名 28 岁市民因在互联网上宣传伊斯兰极端主义被判 4 年徒刑。①

2014 年 11 月,在哈萨克斯坦首都阿斯坦纳召开了独联体国家情报与安全机关领导人会议。会上,俄联邦安全局局长博尔特尼科夫指出,中东形成了以 ISIS 为基础的国际恐怖团伙,来自世界各地的成员在伊拉克和叙利亚经过战斗洗礼后,返回祖国,成为教练、策反者、宣传者和创建恐怖网络的专家,他们与 ISIS 保持着紧密的联系,独联体国家成了国际恐怖主义最合适的靶子。② 中亚地区最具威胁的恐怖组织——"乌伊运"的一个分支宣誓效忠 ISIS。但 ISIS 的影响也造成了"乌伊运"的分裂,部分"乌伊运"成员不愿效忠 ISIS,仍支持塔利班。

据伦敦国王学院资深学者彼得·诺伊曼(Петер Нойман)的研究,前苏联地区向 ISIS 提供了约 15% 的外国武装人员。其中最多的是俄罗斯人,有 1500 名,主要是车臣人,此外,乌兹别克人 500 名,土库曼人 360 名,哈萨克人 250 名。③ 另据国际危机小组的数据,中亚五国共有 4000 人在 ISIS 一方作战。据塔政府的数据,塔吉克斯坦参与 ISIS 作战的有 500 人左右,2015 年 5 月,前特警司令哈里莫夫(Гулмурод Халимов)上校加入

---

① Центральная Азия в уходящем году главные события, http://www.stanradar.com/news/full/1922 8-tsentraln aja-azija-v-uhodjaschem-godu-glavnye-sobytija.html, 30.12.2015.
② Таджикистан активно борется с ИГ, http://stringer-news.com/publication.mhtml?Part = 37&PubID = 36239, 24.07.2015.
③ В рядах ИГ воюют 1500 джихадистов из России, из Узбекистана - 500, Туркменистана - 360 и Казахстана - 250, -DW, http://www.stanradar.com/news/full/19441-v-rjadah-ig-vojujut-1500-dzhihadistov-iz-rossii-iz-uzbeki stan a-500-turkmenistana-360-i-kazahstana-250-dw.html, 19.01.2016.

ISIS 具有强烈的示范效应，2016 年初塔对其中 470 人进行了法庭判决。①

受 ISIS 的影响，中亚地区在 2015 年发生了几起严重的恐怖事件。据塔吉克斯坦内务部 2015 年 7 月 24 日的消息，内务部拘捕了一些与 ISIS 通过网络联系，获取视频资料的塔吉克人。塔国家电台报道，警察机关抓获了 2 名受在叙作战的塔吉克人指示企图制造 12 起爆炸的嫌疑人。塔执法机关清除了几个恐怖分子藏匿制爆材料和极端书刊的隐蔽所。② 12 月 1 日，塔吉克斯坦当局分别判处 7 人（3 人未满 18 岁）7~27 年徒刑，他们在塔南部的沙尔图斯（Шаартуз）地区中心大楼上打出了 ISIS 的黑旗。2015 年 7 月，吉尔吉斯斯坦在坎特市消灭了袭击俄罗斯空军基地的 ISIS 武装分子，他们试图夺取武器，在首都制造连环恐怖事件。③ 2014~2015 年，ISIS 渗透进土库曼斯坦与阿富汗边界，在土库曼斯坦积极招募，土阿边界的一些人打出了 ISIS 的黑旗。④ 2015 年 7 月，因与 ISIS 有关联的嫌疑，吉尔吉斯一名前议员库纳库诺夫（Максат Кунакунов）被捕。⑤

塔吉克斯坦总统拉赫蒙称 ISIS 为"新世纪和全球威胁的瘟疫"，号召充分评估 ISIS 对塔吉克斯坦的负面作用。吉尔吉斯斯坦总统阿塔姆巴耶夫警告说，ISIS 对吉尔吉斯国家认同构成特殊的威胁。俄罗斯总统普京号召加强地区联盟，在后苏联空间采取优先措施消除 ISIS 威胁，并要求哈萨克斯坦、吉尔吉斯斯坦、塔吉克斯坦和俄罗斯在集体安全条约组织框架内加强协调行动。

---

① В Таджикистане предотвратили серию терактов "Исламского государства", http://asialive. info/2015/08/v_tadzhi kistane_predotvratili_seriu_teraktov_quot_islamskogo_gosudarstv_353477. html, 01. 08. 2015.

② В Таджикистане предотвратили серию терактов "Исламского государства", http://asialive. info/2015/08/v_tadzhi kistane_predotvratili_seriu_teraktov_quot_islamskogo_gosudarstv_353477. html, 01. 08. 2015.

③ Центральная Азия в уходящем году главные события, http://www. stanradar. com/news/full/1922 8-tsentraln aja-azija-v-uhodjaschem-godu-glavnye-sobytija. html, 30. 12. 2015.

④ Центральная Азия: рост угрозы религиозного экстремизма и поиски путей борьбы с ним, http://www. stanradar. com/news/full/19432-tsentralnaja-azija-rost-ugrozy-religioznogo-ekstremizma-i-poiski-putej-borby-s-nim. html, 18. 01. 2016.

⑤ Центральная Азия в уходящем году главные события, http://www. stanradar. com/news/full/1922 8-tsentraln aja-azija-v-uhodjaschem-godu-glavnye-sobytija. html, 30. 12. 2015.

三 经济恶化使中亚地区极端主义加剧

2015年中亚地区原料与能源的价格下跌十分严重。塔吉克斯坦、吉尔吉斯斯坦与乌兹别克斯坦受卢布贬值、劳动力需求减少和劳务移民减少影响，经济相当艰难。据专家估计，上述原因造成塔吉克斯坦GDP下降50%，吉尔吉斯斯坦下降33%，乌兹别克斯坦下降15%。①

因中亚国家，尤其是吉尔吉斯斯坦、塔吉克斯坦和乌兹别克斯坦三国经济形势极为糟糕，多数有劳动能力的中青年人出国务工，主要目标国是俄罗斯。到俄罗斯的移民绝大多数是以挣钱为目的，并不准备取得国籍长期居住，因此移民会将挣到的工资寄回家。这在中亚的乌兹别克斯坦、塔吉克斯坦和吉尔吉斯斯坦占国民收入的很大一部分。比如，据塔吉克斯坦国家银行统计，从2006年到2008年劳务移民寄回家的钱从10亿美元增加到26亿美元，2008年占国民生产总值的46%。②据世界银行数据，2012年塔吉克斯坦汇款占国民生产总值的48.1%；吉尔吉斯斯坦占31.4%。移民汇款成为这些国家的经济支柱。

但近五年来，这三国移民减少了向家乡的汇款额度，受访移民一致认为收入状况大不如前。原因是：第一，卢布与美元汇率不断下跌，而工资不涨反降，特别是乌兹别克斯坦不接收卢布汇款，必须先换成美元，再在黑市换成乌兹别克货币，这又造成一次损失；第二，俄罗斯物价上涨，移民在俄消费增加；第三，部分移民失业或领不到工资，中亚移民主要从事建筑行业，制裁开始后，一些公司接不到订单，裁人在所难免；第四，为了保证本国居民的就业率，俄罗斯移民局调整了移民政策，收紧了对移民劳动许可证和短期居留许可证的发放，提高了劳务移民就业的门槛，劳务移民需要自费参

---

① Центральная Азия: рост угрозы религиозного экстремизма и поиски путей борьбы с ним, http://vladimir kogan.viperson.ru/articles/tsentralnaya-aziya-rost-ugrozy-religioznogo-ekstremizma-i-poiski-putey-borby-s-nim, 14.01.2016.

② Саодат Олимова, Музаффар Олимов, Таджикские трудовые мигранты во время кризиса,《Демоскоп》, 2010, № 415 – 416.

俄语和俄罗斯历史及法律常识考试，而且移民需要花高价购买劳动特许证，迫使一部分移民选择离开俄罗斯。但这些移民因为受教育有限，在其他国家也很难得到就业机会，回家更找不到工作，成为社会的不稳定因素。

塔吉克斯坦经济的严重恶化使该国极端主义滋长。塔吉克斯坦是后苏联空间最贫穷、社会福利最差的国家，大部分有劳动能力的塔吉克人都到国外去挣钱。有100万塔吉克人在俄罗斯务工，目前这是塔吉克斯坦政治经济稳定的重要因素，如果这100万人回乡，国家领导就得考虑保障这些健康而有劳动能力的男人工作或使其有其他生存手段。因为这个问题不解决，动乱随时可能发生。塔吉克斯坦的经济很大程度上依赖劳务移民，但2015年以来俄罗斯经济的下滑造成30万~40万塔吉克斯坦劳务移民从俄罗斯回国，生活无着。目前，从阿富汗向塔吉克斯坦走私毒品的数量在增加（有塔安全机构官员参与），塔阿边境有可能成为"圣战者"向中亚渗透的中转站，此外，来自中东、支持极端组织的金钱也将使当地局势进一步恶化。①

在乌兹别克斯坦，社会经济进一步恶化，一些关键地区局势更加不稳。2015年9月到10月间，乌兹别克斯坦首都塔什干发生2次爆炸，之后，200多人因与ISIS有关联而被乌兹别克斯坦当局抓捕。② 乌兹别克斯坦对反对派严酷镇压，加上大量经济问题，数百万乌兹别克人到俄罗斯、哈萨克等国找工作，为极端主义、激进主义情绪的扩散提供了土壤。据法学家沙迪科夫（Шарбатулло Садиков）所说，在中亚各国，乌兹别克斯坦国内外的极端主义团体数量最多，最有名的是"乌伊运"，一些专家认为它是中亚地区排名第三的激进运动（位居塔利班和"基地"组织之后）。③

阿富汗境内与乌兹别克斯坦接壤地区居民主要是乌孜别克人，他们是阿富汗第三大民族（位居普什图人和塔吉克人之后），占全国人口的6%~

---

① Эксперты предупреждают об угрозах Таджикистану и из Таджикистана, http://E-l.ru/news/show/eksperti_preduprezhdayut_ob_ugrozah_tadzhikistanu_i_i, 12.01.2016.
② Эксперты предупреждают об угрозах Таджикистану и из Таджикистана, http://E-l.ru/news/show/eksperti_preduprezhdayut_ob_ugrozah_tadzhikistanu_i_i, 12.01.2016.
③ Илья Полонский, Военное обозрение, Южные рубежи под угрозой. Защитит ли себя Средняя Азия? http://topwar.ru/86315-yuzhnye-rubezhi-pod-ugrozoy-zaschitit-li-sebya-srednyaya-aziya.html, 18.11.2015.

10%，多数人是激进伊斯兰教的反对者，但一部分阿富汗的乌孜别克人，特别是昆都士和巴达赫尚的乌孜别克人更倾向于支持激进主义者塔利班和"乌伊运"，这也对乌孜别克斯坦构成潜在的威胁。

针对激进组织的招募人员利用乌兹别克斯坦的不良社会经济状况蛊惑年轻人到叙利亚参战或与政府作对，乌政府采取了惩罚措施打击激进情绪。只要与 ISIS 有联系，就会被判长期徒刑，参加武装团伙则惩罚更严。

尽管吉尔吉斯斯坦与阿富汗没有直接接壤，但其并没有与阿富汗的主义相隔绝。第一，吉尔吉斯斯坦已经遭遇过宗教极端主义，1999 年曾受到"乌伊运"团伙的攻击。第二，因社会经济形势不好，吉尔吉斯人与南方的乌兹别克人的种族矛盾激化。阿富汗有 1.5 万名吉尔吉斯族人，他们中间也有激进情绪传播。第三，因该国腐败严重，强力机构也不能幸免，时而传出其参与贩毒的丑闻，从阿富汗穿过塔吉克斯坦和吉尔吉斯斯坦是对贩毒分子有吸引力的一条路线。此外，中国具有分离倾向的激进组织的武装分子也从阿富汗和巴基斯坦经吉尔吉斯斯坦，企图到达新疆，他们对吉尔吉斯斯坦的山区很感兴趣。

哈萨克斯坦的局势相对稳定，这得益于该国实施积极的体制改革政策，形成了有效的市场经济与有力的金融中心，经济向好成为解决该国宗教极端主义的良好途径。

四　塔、乌、土三国加强了边境反恐措施，以防范"圣战者"从阿富汗入境

阿富汗的局势直接影响着中亚国家的安全与稳定，也是中亚各国关注的重点。曾有消息称，2016 年春季，ISIS 有可能从阿富汗北部袭击中亚国家，这一战役已被阿富汗 ISIS 批准。[①] 基于来自阿富汗北部恐怖组织渗透、

---

① Безопасность стран Центральной Азии в контексте 《афганской угрозы》, http://www.stanradar.com/news/fu　ll/19434-bezopasnost-stran-tsentralnoj-azii-v-kontekste-afganskoj-ugrozy-chast-i. html, 19.01.2016.

袭击的威胁越来越严重，中亚各国均加强了边境反恐措施，以防范"圣战者"入境。

（一）塔吉克斯坦

最担心阿富汗局势的是塔吉克斯坦，因为塔吉克斯坦与阿富汗边界线最长，共1344公里，阿富汗恐怖组织也主要集中于塔阿边境的巴达赫尚与昆都士。塔吉克斯坦长期以来都是阿富汗武装分子的主要袭击目标，因为两国边界是难以通行的高山，而且阿富汗住着大量的塔吉克族人。阿富汗的塔吉克族人占该国人数的30%~38%，位居普什图人之后，占第二位，他们在抵抗苏联军事行动以及后来的国内战争中过起重要作用。此外，他们是"北方联盟"的主力，主要对抗由普什图人组成的塔利班。前苏联的五个中亚国家中塔吉克斯坦的社会经济最为落后，苏联解体后该国发生了持续五年的国内流血战争，靠俄罗斯和伊朗的援助才得以平息。

社会经济、政治问题把塔吉克斯坦变成了一个国际极端恐怖组织的一块肥肉。应当说，宗教激进主义宣传在塔吉克斯坦最有市场。如果考虑阿富汗极端分子外部支持的因素，塔吉克斯坦的情况更加不容乐观，近年发生的事件证明，拉赫蒙总统整体上对国家的个别地区管控很弱。2010年在拉什地区（Раштский район），政府军与前联合反对派领导的武装团伙交战；2010年巴达克山又发生武装冲突。2015年纳扎尔左德（Назарзод）将军发动武装暴动。尽管塔吉克斯坦领导人解释说武装冲突是"塔吉克伊斯兰复兴党"激进分子的阴谋，但很多武装力量、执法机构、情报机构高级领导卷入武器和毒品走私并与阿富汗武装团伙有密切联系，这已不是秘密。[①]

塔吉克斯坦更容易受到恐怖分子攻击，因为与相邻的土库曼斯坦和乌兹别克斯坦相比，它不仅国家管制能力弱，武装力量人数也不多。不同于

---

① Илья Полонский, Военное обозрение, Южные рубежи под угрозой. Защитит ли себя Средняя Азия? http://topwar.ru/86315-yuzhnye-rubezhi-pod-ugrozoy-zaschitit-li-sebya-srednyaya-aziya.html, 18.11.2015.

前苏联的其他加盟共和国,塔吉克斯坦宣布独立前其境内已经没有苏联军队,因此没有从苏军那儿继承任何遗产,目前驻扎在首都杜尚别的第201摩托化步兵师属于俄罗斯国防部。长期以来主要是俄罗斯的军队和边防军在保卫塔吉克斯坦的国家安全,塔没有正规军,政府军实际上也是一些无组织无纪律的杂牌军,不实行集中供给。尽管国家一直想将这些零散的武装变成真正的军队,但到目前为止,塔吉克斯坦的武装力量无论是武器装备还是组织性都很弱。部队条件差、不正规,年轻人不愿当兵,因此只能招到家庭特别贫穷的阶层的子弟,此外武装力量还参与犯罪,从吸毒到毒品的贩运及贩卖,从阿富汗走私武器等。在边境防卫方面,塔吉克军队只有不到1万人,包括紧急情况部在内的武装组织的总人数仅1.5万。①

考虑到塔吉克武装力量无法令人满意的现状,守卫边境和国内治安的任务由俄罗斯第201摩托化步兵师完成,该师共有7500名军官和士兵。俄罗斯付出很大努力为塔吉克斯坦的武装力量升级换代,在塔吉克斯坦武装力量建设和改组中俄罗斯是主要投资人和伙伴。俄罗斯国防部部长绍伊古称,到2025年俄罗斯将为塔吉克斯坦武装力量现代化项目花费2亿美元,否则阿富汗激进团伙入侵风险更大。

2011~2013年的塔政府军曾对塔地下武装开展专门行动,严重削弱了其实力,但是由于塔政权对立尖锐,受"塔吉克伊斯兰复兴党"支持,塔极端组织仍然得到生存基础,因此,塔吉克斯坦面临的恐怖威胁最为严重。在执法层面上,塔自2015年底以来执行了更加严厉的去极端化与反恐政策,包括禁止着蒙脸服装,② 小于40岁的人不许出国朝觐,③ 在进行反

---

① Илья Полонский, Военное обозрение, Южные рубежи под угрозой. Защитит ли себя Средняя Азия? http://topwar.ru/86315-yuzhnye-rubezhi-pod-ugrozoy-zaschitit-li-sebya-srednyaya-aziya.html, 18.11.2015.

② Комитет по делам религии объяснил что такое одежда, чуждая для Таджикистана, http://www.stanradar.com/news/full/19395-komitet-po-delam-religii-objasnil-chto-takoe-odezhda-chuzhdaja-dlja-tadzhikistana.html, 14.01.2016.

③ Паломникам Таджикистана младше 40 лет запретили совершать хадж, http://www.stanradar.com/news/full/19429-palomnikam-tadzhikistana-mladshe-40-let-zapretili-sovershat-hadzh.html, 18.01.2016.

恐行动时允许掐断几小时的通信与互联网①，等等。

鉴于此，拉赫蒙总统命令动员预备役公民，以在必要时保卫塔国边境与领土。2015 年 7 月，塔国防部在南部边境地区举行了有 3 万名预备役军官和退伍士兵参加的演习，以提高塔部队尤其是边防军的战备水平，以及预备役动员能力。塔国防部新闻中心主任说，塔吉克斯坦武装力量加强了山地反恐的特种训练，并成立了配置有山地训练新式装备的培训中心。② 2016 年 3 月 14~22 日，塔吉克斯坦与俄罗斯在塔阿 1300 多公里的边界线上举行了有史以来最大的一次联合边境演习。参加的塔吉克军人有 1.5 万名，预备役军人有 3 万多名，俄罗斯军人有 2000 多名，武器方面约 1000 多辆坦克，还有大炮与各型运输车辆，约 30 架飞机。演习模拟歼灭了约 2000 名入侵者。

（二）乌兹别克斯坦

乌兹别克斯坦与土库曼斯坦没有加入集安组织，与集安组织实行有限合作政策。乌兹别克斯坦与独联体只交换战术情报，土库曼斯坦则由于其"中立"立场，在公开发言中长期否认与阿富汗边界可能存在的问题。2015 年秋，在塔利班进攻昆都士后，乌兹别克斯坦与土库曼斯坦就应对"阿富汗威胁"组建了非正式中心。③

对乌兹别克斯坦更大的威胁是小股恐怖分子偷渡入境与境内恐怖分子的活动。国家安全局等部门 2014~2015 年针对现实问题做了大量工作。一些非正式的宗教与社会团体对人员密集地区进行监控。但由于乌兹别克斯坦的封闭，很难评估乌政府对农村地区，尤其是费尔干纳谷地的监控。

---

① В Таджикистане узаконена блокировка интернета и мобильной связи в часы 《икс》 по всей стране, http://www.stanradar.com/news/full/19081-v-tadzhikistane-uzakonena-blokirov-ka-interneta-i-mobilnoj-svjazi-v-chasy-iks-po-vsej-strane.html, 18.12.2015.

② Минобороны Таджикистана проводит масштабные тактические учения резервистов, http://www.fergananews.com/news/23585, 03.07.2015.

③ Безопасность стран Центральной Азии в контексте 《афганской угрозы》, http://www.stanradar.com/news/full/19434-bezopasnost-stran-tsentralnoj-azii-v-kontekste-afganskoj-ugrozy-chast-i.html, 19.01.2016.

据分析，乌兹别克斯坦的边境安全可以得到较好保障。乌兹别克斯坦与阿富汗的边界线共137公里，它对阿富汗极端分子可能的进攻准备充分。自美国展开反恐行动后，乌兹别克斯坦开始加强乌阿边境管控，在边境线上设立了两道隔离障碍，第一道铁丝网稍矮，第二道铁丝网比第一道高，而且带380伏电压，并布了雷区。目前这个边境线的守卫程度相当于朝韩边境。加强乌阿边境防御力量的目的不仅在于防止极端分子可能的冲击，还在于阻止非法移民和难民从阿富汗进入。该国通过加强边防部队与"志愿者"（护边员）队伍建设，完全监控了边界。乌兹别克斯坦在边境上部署有1万名国家安全局工作人员，以及该地区最强的6万名军人，这些力量足够应对装备低劣的阿富汗极端分子的攻击。但鉴于2014~2015年边境地区刑事犯罪数量增加，乌兹别克斯坦也在国内实施了积极的消除极端组织政策。2015年12月，乌内务部组织了"清洁"行动，对700万个目标进行了检查。① 乌兹别克斯坦拥有中亚地区最强的侦察力量，密切监视着南亚恐怖形势发展。其人力情报工作的成功有可能得益于与阿富汗北部乌兹别克人的联系。2015年夏，乌兹别克斯坦还与阿富汗强力部门领导就反恐和保障乌阿边境安全合作达成一致。目前，乌兹别克斯坦的武装力量在中亚是最强的，到2013年军队人数达4.8万，其中2.45万是陆军，其余为空军、防空军、国家近卫军、边防局。边防力量包括河上部队，正式称呼为安全局边境保卫委员会河上力量。河上力量快艇在阿姆河巡逻阿乌边境时起重要作用。装甲快艇可保障156公里河上边境线的安全，防止毒品、武器走私和非法移民及极端分子从阿富汗渗透。

美国为乌兹别克斯坦提供了一定的军事援助，2015年1月乌兹别克斯坦总统卡里莫夫和美国武装力量中央指挥官达成协议，美向乌兹别克斯坦提供308辆轮式装甲车和20辆维修运输车。2015年4月底乌兹别克斯坦还与美国签署了移交巡逻快艇的协议，以满足乌兹别克斯坦阿姆河岸边警卫需要。

尽管乌兹别克斯坦军队人数、装备、战备都比其他国强，但部队同样

---

① МВД Узбекистана провело операцию 《Тозалаш》, http://anxor.uz/news/mvd-uzbekistana-provelo-operaciyu-tozalash, 26.12.2015.

存在问题,主要是武装力量保障和军队纪律、士气存在问题。现代乌兹别克斯坦有大量社会经济问题,年轻人更愿意到俄罗斯或其他国家挣钱,不想参军。

(三) 土库曼斯坦

土库曼斯坦的局势更为严峻,该国的军事力量在中亚地区最弱,但土阿边界线却长达804公里,因此土库曼斯坦近年也很重视加强对与阿富汗接壤的边界的管控,并与乌兹别克斯坦进行合作。土阿边境原来由俄罗斯边防军守卫,之后土为了主权放弃与俄罗斯边防军的合作,这对边防防守的有效性产生负面效果。土库曼斯坦武装力量没有有效回击阿富汗武装入侵的潜力。目前陆军共有1.85万人,此外12个边防支队共有1.2万名官兵,属于边防部队。① 空军、海军人数都不多,主要问题有:土阿边境守卫能力弱;沙漠地区居民分散,不能有效组织当地武装防御;强力部门同社会上其他机构一样,属宗族结构,有矛盾;在防御和国家安全方面与俄罗斯没有积极联系;政治上停滞促使年轻人激进化。一些资料表明,土库曼斯坦是ISIS可能的进攻目标,因为与塔吉克斯坦不同,它没加入集体安全条约组织,又没有乌兹别克斯坦那样强大的武装力量。

2014~2015年,土阿边境多次遭到塔利班等武装团伙自阿富汗发动的进攻。② 2014~2015年土库曼斯坦大规模动员预备役,军队人数可能达到2万~2.5万人,但土方军事装备落后,有很大一部分不能工作,内务部在大城市扩充的干部绝大多数来自农村地区,文化水平低。此外,该国训练基地差,没有现实的作战经验,干部不足。③ 2015年,土库曼斯坦拨了大量资金装备边防,增加部队人数,把70%以上的兵力部署在南部边境,

---

① Илья Полонский, Военное обозрение, Южные рубежи под угрозой. Защитит ли себя Средняя Азия? http://topwar.ru/86315-yuzhnye-rubezhi-pod-ugrozoy-zaschitit-li-sebya-srednyaya-aziya.html, 18.11.2015.

② В Туркменистане мобилизуют резервистов на границу с Афганистаном, https://habar-tm.org/archives/827, 18.03.2014.

③ Туркменским границам угрожает "ИГ": объявлена мобилизация, http://news.day.az/politics/557173.html, 18.02.2015.

以防止可能出现的进攻。①

土驻阿大使馆资助阿富汗西北部的土库曼族人抵御塔利班。当地活动着几个"土库曼"自治武装团体，但他们难以抵御法里亚布省和朱兹詹省的塔利班。塔利班几乎完全控制了赫拉特省边境地区，在那里建立了政权。

据估计，土库曼斯坦的人力情报能力有限，使得该国作战能力减弱。专家判断，土库曼斯坦国家安全部的技术装备水平不高，有文化的干部十分缺乏。土前国家安全部部长于2015年10月辞职，新任部长在上任不到100天就被总统公开斥责，间接证明了情报工作存在严重问题。

土库曼斯坦有极端组织存在，但由于土信息封锁，其存在程度并不明朗。2013~2014年，与"伊扎布特"（Хизб-ут Тахрир）等有关的恐怖组织核心被消灭。土库曼斯坦境内的恐怖组织成员多来自从阿富汗向土库曼斯坦走私毒品的犯罪团伙，以及在土耳其等国接受过宗教教育，受极端思想影响的青年人。政府的"中立"在一定程度上庇护了从巴基斯坦和叙利亚回国的恐怖分子。

五 集体安全条约组织加大了对塔吉克斯坦等国的安全维护力度

2015年12月21日，集体安全条约组织在莫斯科召开会议，讨论保卫塔阿边界的系列措施。会议决议认为，如果需要，集安组织可以派出俄罗斯与塔吉克斯坦的联合军事武装，俄罗斯201军事基地在必要情况下可以提高战备水平，建议首先使用情报部门和边防军以便及时发现武装分子，之后塔吉克斯坦与集安组织地区应急响应部队充分利用炮兵、空军的优势清除越境者。②

---

① Безопасность стран Центральной Азии в контексте 《афганской угрозы》, http://www.stanradar.com/news/full/19434-bezopasnost-stran-tsentralnoj-azii-v-kontekste-afganskoj-ugrozy-chast-i.html, 19.01.2016.

② Россия повысила боеготовность своей военной базы в Таджикистане, http://www.stanradar.com/news/full/19266-rossija-povysila-boegotovnost-svoej-voennoj-bazy-v-tadzhikistane.html, 05.01.2016.

俄罗斯与塔吉克斯坦开展了紧密合作，以使用俄塔联合武装力量加强塔阿边境防卫。据 2014 年俄塔签署的军事技术合作方案，俄罗斯将拨出 10 亿美元支持合作。2015 年俄罗斯武装力量已多次向塔吉克斯坦提供包括夜视仪在内的监视设备。据公开来源，俄罗斯在塔吉克斯坦有 7500~10000 人的军事存在，他们中有俄罗斯最专业的军事专家。[1] 俄驻塔 201 军事基地前身是俄罗斯 201 摩步师，自 1945 年 8 月起在塔部署，是俄境外最大的军事合作基地，长于山地战，该基地据协议将驻扎到 2042 年。2014~2015 年，塔吉克斯坦军队与 201 军事基地开展多次演习，以提高联合应急作战的协作水平。2015 年，俄罗斯加强了在塔吉克斯坦的军队力量，部署了米－8 和米－24 直升机组，提高了部队的战备水平。

吉尔吉斯斯坦安全委员会副主席奥鲁兹巴耶夫（Курбанычбек Орузбаев）说，"圣战者"已经不像 90 年代那么可怕，因为中亚国家的军队已经强大，也有俄罗斯军事基地可借助，"我们的集安组织伙伴随时准备提供援助。如果发生了冲突，我们的人民会团结一心保卫国家"[2]。目前，俄罗斯在吉尔吉斯斯坦坎特市驻有空军基地。

俄罗斯外交部独联体国家 3 局局长斯捷尔尼克（Александр Стерник）说，俄罗斯并不计划独立在塔部署全功能的军事作战单位，以在塔阿边界抵抗"圣战者"，但不排除在必要时使用两国联合武装。目前，集安组织有协议可与阿富汗、巴基斯坦、印度护法机关交换情报，搜集在阿富汗北部边境地区武装分子的人数、武器、位置等情报。此外，俄罗斯与阿富汗政府（包括副总统杜斯塔姆）及其北方有影响力的政治家都保持着密切联系，以在任何政治局势下对不良形势施加影响。

塔利班和 ISIS 是否进攻独联体某个国家取决于其可能遇到的抵抗程度。目前，集安组织的主要工作是加强对塔吉克斯坦的边境防卫，以防止

---

[1] Безопасность стран Центральной Азии в контексте 《афганской угрозы》, http://www.stanradar.com/news/full/19434-bezopasnost-stran-tsentralnoj-azii-v-kontekste-afganskoj-ugrozy-chast-i.html, 19.01.2016.

[2] Центральная Азия: рост угрозы религиозного экстремизма и поиски путей борьбы с ним, http://vladimir kogan.viperson.ru/articles/tsentralnaya-aziya-rost-ugrozy-religioznogo-ekstremizma-i-poiski-putey-borby-s-nim, 14.01.2016.

武装分子从阿富汗巴达赫尚和昆都士省发动的大规模进攻,集安组织情报机构的主要工作是防止小股恐怖组织渗透进集安组织国家实施恐怖活动。2013~2015年在塔吉克斯坦、吉尔吉斯斯坦和俄罗斯都曾防止过类似事件。在集安组织应急反应部队和俄罗斯武装力量的支持下,塔吉克斯坦的边境防卫是足够可靠的。比较危险的是乌兹别克斯坦与土库曼斯坦交接的"侧翼",这两个国家与集安组织只是进行有限合作,有可能造成武装分子冒险从其境内穿过,到达哈萨克斯坦西部边境。相对而言,乌兹别克斯坦的风险并不是很大,但土库曼斯坦的局势则恶劣得多。

中亚地区的多元化及前景和影响

杨倩

(甘肃省国际友好联络会,甘肃 兰州,730000)

【摘　　要】	中亚国家自苏联解体独立以来,国家政治经济建设和内政外交走向的多元化增强,突出表现在国家政治制度选择、经济发展速度、外交方针政策走向、军事安全发展侧重和历史传统文化继承等各个方面。受内部主导和外部推动,中亚地区的多元化趋势增强,带来中亚形势发展的新认知,并对未来中国中亚政策的制定产生了一定影响。
【关 键 词】	中亚地区;多元化;前景;影响
【作者简介】	杨倩,甘肃省国际友好联络会副研究员,主要研究方向:中亚问题。

中亚国家独立二十五年来,国家独立性、自主性不断增强,在政治体制改革、经济社会发展、外交政策抉择和文化人文领域,越来越多地表现出多元化特点和差异性。作为后苏联时代统一的一个地缘政治空间,中亚地区的完整性、统一性正在遭遇前所未有的挑战。在地区一体化推进逐渐困难、各国竞争和防范意识增强的情况下,出于现实和潜在的利益需求,受内部主导和外部力量共同推进的影响,中亚地区的多元化趋势不断增强。中亚地区多元化这一新形态,不仅带来我们对中亚地区形势的新认知,也必将对中亚国家的对外合作,特别是与我国的友好合作产生一系列

广泛而深入的影响。

一 政治体制建设的多元化
——追求适合本国特点的政治发展道路

中亚国家独立之后,均确立了西方式的政治体制。五国宪法明确规定,建立民主和法治国家,实行政教分离,禁止以宗教为基础建立政党,按世俗国家原则建立政治体制。① 由于受苏联集权政治体制的长期影响,总统在国家决策和政策的执行过程中,支配着政府和议会的行为,② 中亚国家一度形成"强总统、弱政府、小议会"的内部政治格局。但在政治改革的摸索和建设过程中,出于不同的文化传统和民族历史经验,中亚各国在保持基本政治制度基础不变的前提下,政治体制实施和执行的差异不断拉大。

(一)国家政治体制不同

哈萨克斯坦、乌兹别克斯坦、土库曼斯坦、塔吉克斯坦仍保留了总统制,吉尔吉斯斯坦则在 2010 年改组为议会制,成为中亚唯一的议会制国家。2015 年举行了议会选举,有五个政党进入议会。议会逐渐成为国家权力体系的主导力量,由总理负责行使国家管理权。议会实行一院制,由 120 名议员组成,任期 5 年。目前,在吉尔吉斯司法部正式登记注册并开展活动的政党有 140 余个。但与西方发达国家多党制本质上不同的是,吉的多党制是建立在部族之上的多党制,具有鲜明的以血缘关系为基础的氏族、部落、部落联盟社会色彩。③ 吉国内主要部族均派出代表参与以议会活动为标志的国家政治活动,不同政治力量的代表一定程度上可以维护各

---

① 陈联璧:《独立后中亚国家的政治走向》,《东欧中亚研究》1996 年第 1 期。
② 高永久、徐亚清:《独立后的中亚五国政治体制》,《西北师大学报》(社会科学版),2003 年第 5 期。
③ 中国网:《"一带一路"投资政治风险研究之吉尔吉斯斯坦》,http://opinion.china.com.cn/opinion_18_126218.html,2015 年 4 月 3 日。

自的利益，较好地实现了权力的平衡。

（二）总统制执行中产生微妙差别

哈乌均坚持强势总统前提下的民主选举。不同的是，哈以议会多党制作为政治体制改革的主要方向之一。为了确保议会的多党制，哈选举法规定，议会选举中得票率高于7%的政党可以进入议会；但如果最终只有一个政党超过7%，那么得票率排名第二的政党则自动进入议会，并获得不少于2个席位。2012年1月议会选举前，哈总统顾问叶尔腾斯巴耶夫表示，哈萨克斯坦的政体正在由总统制向总统议会制过渡，未来议会将发挥更大的作用。① 2015年，哈举行总统选举，纳扎尔巴耶夫再次当选，可能成为终身总统。2016年3月，应议会要求，哈提前举行马日利斯（议会下院）选举，6个政治党派的代表参加了选举，最终，执政的"祖国之光"人民民主党获得82%的选票，共产主义人民党和"光明道路"民主党分别获得7%的选票，顺利进入议会。总统和议会的权力暂时达到了一种平衡。乌同样实行总统制，但对反对派强力打压。由于乌总统制是在抵制极端民主化和政教合一的伊斯兰化的基础上实现的，其对民主选举和"多党派"议会制度的追求力度有限。通过修改宪法，延长总统任期，总统实现了集权，并且有3届总统选举都被西方质疑不公。卡里莫夫以政党登记法规、政治检控等手段，禁止反对组织成立党派。2015年总统选举中，卡里莫夫以高票当选，表现出较强的掌控力；与此同时，乌也开始尝试削减总统权力，总统任期将由7年缩短为5年，以铺垫后卡里莫夫时代。② 塔吉克斯坦大力巩固总统权威和权力，被称为实际的"君主制"。2015年议会选举中，中亚唯一的伊斯兰政党"塔吉克伊斯兰复兴党"被排挤出议会，高层领导核心遭清洗和打压，政治影响力受到遏制。12月，塔颁布"和平与和谐的创始人-国家领袖法"，给予拉赫蒙总统特殊的地位和权力，宣布其

---

① 国际在线：《哈萨克斯坦议会进入多党制时代》，http://gb.cri.cn/27824/2012/01/16/4865s3523989.htm，2012年1月16日。
② 南风窗：《乌兹别克会成为"中亚的中国"吗？》，http://www.1think.com.cn/ViewArticle/html/Article_4FFA4A807C07BCF4B4EF9BFBD2A90C8B_22396.html，2015年4月14日。

为国家终身领导人，作为国家元首去职后仍拥有广泛的权力。2016年1月13日，塔议会正式决定就修宪举行全民公决，确保现任总统拉赫蒙不受次数限制参加总统选举。拉赫蒙还通过对家族成员的广泛任命，进一步掌控国家权力和财富。土库曼斯坦推行强人政治和个人崇拜，对外较为封闭，是中亚最早决定实行终身总统制的国家。前总统尼亚佐夫死于任上，现总统别尔德穆哈梅多夫在清洗了尼旧部之后，已经建立起对国家的严密控制，并开始推动自己的个人崇拜，同时注重通过制度化的政治安排来获得统治的合法性。①

中亚各国政治体制建设虽已有较大差异，但均视国家政权的稳定性高于一切，处于政权交接特殊时期的哈乌两国表现尤其明显。中亚国家政权稳定面对的主要挑战，既在于政权将不受影响地向总统选定的接班人交接，也在于受外部力量支持的反对派谋求发动颜色革命和伊斯兰宗教极端组织谋求推翻现政权、建立政教合一的宗教国家的企图。维护总统及其家族的利益则是当前中亚国家执政当局面临的主要任务。

二 经济多元化改革
——经济结构调整的需要和去俄罗斯化的过程

经过二十多年的发展，中亚国家经济实力差距不断拉大。2015年国际货币基金组织的数据显示，就人均GDP而言，吉、塔已经脱贫，处于工业化初期，哈乌土已进入工业化起飞阶段。各国在对内经济政策和对外吸引投资方面具有不同需求，在对未来经济发展道路的选择上也各有偏好。

（一）哈斯克斯坦明确提出经济多元化的改革指导思想

哈国民生产总值已进入全球50强。经济稳定发展赋予其较多的独立自主性，已开始谋求经济结构的调整。2015年4月，纳扎尔巴耶夫竞选连任

---

① 中国网：《"一带一路"投资政治风险研究之吉尔吉斯斯坦》，http://opinion.china.com.cn/opinion_18_126218.html，2015年4月3日。

后表示,"为确保经济稳定增长,哈将对经济进行结构性调整,实现经济多元化"。其核心要义包括两个方面:一是宏观上合理分配,与各个国家都保持友好经贸关系,营造良好的周边环境;二是开创经济的多元化局面,进行经济结构调整,完善油气外运管道的单一出口途径。[①] 11月,哈总理表示,当前国际能源价格低迷,国家经济发展不景气,应当大力深化改革;12月,纳扎尔巴耶夫发表题为"全球新形势下的哈萨克斯坦:增长、改革、发展"的国情咨文,总结了2013年"哈萨克斯坦——2050"发展战略的落实情况,强调应对危机的"增长、改革、发展"三大战略方针,提出了哈在挑战与机遇并存的全球新形势下的发展方向。经济改革和调整的实践中,哈萨克斯坦努力优化投资环境,大力调整经济结构,推动发展工业生产,取得实际成效,在基础设施、能源管道、绿色经济建设等方面充满了商机、活力和吸引力。

(二) 油气外运管道多元化发展成效明显

中亚国家独立初期,油气外运主要靠过境俄罗斯,管道出口问题一度成为中亚地区油气勘探开发的瓶颈。为了打破这种受制于人的局面,中亚国家把拓展油气外运管道的多元走向及大力发展基础设施建设,作为谋求经济独立的主要举措。当前,横跨中亚地区已形成四通八达的密集管网,它们把中亚油气输往东、南、西、北不同方向,围绕管线的竞争和地缘政治博弈也进一步激烈。作为中亚油气外运的一条重要线路的里海石油管道,途经阿塞拜疆、格鲁吉亚和土耳其,全长1760多公里,于2006年7月正式投产,设计的年输油能力为5000万吨。中国中亚天然气输送管道ABC线均已建成投产,向中国输送天然气的能力超过每年1000亿立方米,D线也于2014年9月动工。2015年12月讨论多年油气南下的"土库曼斯坦—阿富汗—巴基斯坦—印度"(塔比管道)的天然气管道土境内段决定开工,凸显土库曼斯坦天然气出口的多元化战略进一步发展。今后,土库

---

① 求是网:《哈萨克斯坦经济多元化前景可期》,http://www.qstheory.cn/economy/2015-06/05/c_1115524315.htm,2015年6月5日。

曼斯坦合作对象还可能锁定欧洲国家，未来还可能修建新的绕过俄罗斯的天然气管线，通过伊朗或跨里海管道，避免当前主要过境俄罗斯这一情况。2016年4月，乌石油天然气公司表示，乌不会加入通往南亚的塔比管道和通往欧洲的纳布科管道，乌油气领域出口任务可以通过东向的管道和连接俄罗斯的管道完成，国际合作方面，重点发展与中国的合作，即第四条"乌兹别克斯坦—中国"天然气管道。①

作为油气储量丰富的国家，这些已经建成投产或正在开工修建的石油天然气管道，保障了中亚油气可以通过各种途径进入国际能源市场，显示了石油天然气出口的多元化战略正在得到贯彻实施。尽管俄罗斯凭着苏联时期的管网优势，大力加强境内石油管道的改造和扩建，力图继续主导中亚油气外运和巩固自身在里海地缘政治和地缘经济方面的影响力，但油气外运管道建设的多元化，使中亚国家正在逐步摆脱对俄罗斯境内输送管道的依赖，提高了自主支配战略性资源的能力和国家的独立自主性及竞争力。

（三）基础设施建设不断加强，多个项目开工或投产

受中国"一带一路"计划的启示、带动和影响，中亚国家把道路、桥梁、电力等基础设施建设作为经济发展建设的重点，2016年一系列对地区经济至关重要的能源和交通项目将开始建设或完工。除了上文提到的连接中亚与南亚的塔比天然气管道，联结中、南亚的CASA—1000电力运输通道也即将动工。乌兹别克斯坦安格连—帕普铁路预计将于2016年通车，这将成为中国—中亚—欧洲国际运输通道又一重要组成部分。哈里海沿岸阿克套港的扩建以及库勒克港渡口的完工，将进一步完善哈交通运输体系，并提升国际过境运输能力。"西欧—中国西部"国际公路哈萨克斯坦段预计将于2016年全面完工。此外，作为伊朗—阿富汗—塔吉克斯坦—吉尔吉斯斯坦国际铁路的一部分，伊朗—阿富汗铁路段预计已于2016年开工。这

---

① 中国管道商务网：《乌兹别克斯坦重视"乌兹别克斯坦—中国"天然气管道》，http://gas.in-en.com/html/gas-2431086.shtml，2016年4月26日。

些基础设施建设项目,将使中亚国家有更多的机会向东、向南发展,加强与周边国家的合作与协调。

三 外交战略的多元化
——多元平衡外交正在变得有所侧重

中亚国家独立以来,奉行全方位外交政策,旨在巩固国家的独立、主权,扩大对外经济联系,维护国家安全。经过多年发展,中亚国家对外关系在基本保持平衡的基础上,呈现各有侧重、亲疏有别的局面。

(一)对各大地区战略并存交汇均持欢迎态度,显示中亚国家多元化外交思路更趋成熟、理性

无论是对于俄2011年10月提出、2015年1月启动的欧亚经济联盟,还是2011年11月美提出的"新丝绸之路计划",或者是我国2013年9月以来倡议的"丝绸之路经济带"计划,以及欧盟积极推行的"中亚新战略",中亚国家均表示欢迎。哈总统表示,尽管水平层次和目标不尽相同,但将以各种方式参与中美俄的中亚地区战略。① 在经济多元化改革中,既支持中国的"丝绸之路经济带"建设,也积极参与俄罗斯的欧亚经济联盟方案。② 对于欧盟的投资计划,2015年12月,欧盟与中亚五国在哈首都阿斯塔纳举行外长级会晤,就强化经贸合作、扩大投资、保障地区安全、保护环境等问题交换意见。③ 乌始终不希望完全倒向任何一方,其拒绝参加集安组织,与美关系出现多次反复,均表明其坚持独

---

① Константин Сыроежкин, Геополитические проекты в Центральной Азии и роль Казахстана, http://oabar.asia/ru/konstantin-syroezhkin-geopoliticheskie-proekty-v-tsentralnoj-azii-i-rol kazahstana/, 30.03.2016.
② 求是网:《哈萨克斯坦经济多元化前景可期》, http://www.qstheory.cn/economy/2015-06/05/c_1115524315.htm, 2015年6月5日。
③ 新华网:《欧盟与中亚五国讨论经贸合作及反恐问题》, http://news.xinhuanet.com/world/2015-12/22/c_128553990.htm, 2015年12月22日。

立自主外交政策的意志和立场。但乌也认为，在中美俄之间维持平衡，更符合"区域枢纽"自保之道。① 2015年11月，美国务卿克里访问中亚之后，美乌举行了政治、企业等各种层次的谈判和会晤。据媒体统计，从2015年12月到2016年4月，此类会晤次数显著增加。2016年1月，在华盛顿举行了乌外交部和美中南亚助理国务卿出席的两国政治协商会议。3月和4月，以美劳工部长副助理和美国务院中南亚事务副国务卿助理为首的代表团访问塔什干，双边合作重点将集中在军事、科技和投资领域。

（二）与日本、印度等区域大国的合作深化，显示出中亚国家吸引投资、发展经济的意图和务实的外交政策选择

2015年印度和日本领导人先后遍访中亚五国，就双方合作进行协调，达成一致。2016年以来，日本与土库曼斯坦的合作不断加强。土库曼斯坦于2016年9月在阿什哈巴德建立由日本援建的大学，招生规模初步拟定为3000人，以日语和英语授课。该校被定义为培养日语人才以及深化与日本技术合作的基地。

（三）中亚国家外交并未走出地缘政治和民族宗教的同质性选择框架

以塔吉克斯坦为例，其与阿富汗相邻，有1200公里的共同边界，约700万塔吉克族人在阿定居。塔吉克和伊朗有共同的文化渊源，塔源于波斯人，塔吉克语也属于印欧语系伊朗语族，塔国名来源于波斯语"头戴皇冠的人"，塔国内有不少居民信仰伊斯兰教的什叶派，塔在独立初期曾加入由伊朗、巴基斯坦等国发起的经济合作组织。同时，阿富汗和伊朗在塔国家历史发展的关键时刻曾起过重要作用。内战期间，塔的联合反对派武装力量在塔政府军强大压力之下曾逃往阿富汗寻求庇护。2016年初，伊朗被解除国际制裁，重返中亚地区事务，加剧了地区地缘政治博弈。历史渊源和现实需要，将促使塔伊关系进一步加强和发展。

---

① 南风窗：《乌兹别克会成为"中亚的中国"吗？》，http://www.1think.com.cn/ViewArticle/html/Article_4FFA4A807C07BCF4B4EF9BFBD2A90C8B_22396.html，2015年4月14日。

四 军事安全建设的多元化
——军队建设加强对外军事合作的多向性

中亚国家出于维护国家安全，防范和打击"三股势力"的需要，在维护与传统盟友俄罗斯的军事合作关系之外，不断密切与美及北约的军事关系，意图在北约与集安组织不同力量之间保持均衡，防止过度依赖影响战略决策的灵活性。

美力图扭转阿富汗撤军带来的不利态势，不断密切与中亚国家的军事合作。2014年乌克兰危机中，俄罗斯强行将克里米亚纳入本国领土，引发了中亚国家对他国威胁其主权和领土完整的忧虑。而从阿富汗撤军，削弱了美及北约对中亚形势的影响力。为此，美利用了中亚国家对俄的戒备和防范心理，密切与中亚国家的军事合作。其一，增加军事人员往来。2016年1月，举行了乌国防部副部长、参谋总长诺尔玛托夫中将参加的国防和安全问题乌美会谈。4月，美军中央司令部特种部队司令访塔，就与塔的特种部队合作进行交流。其二，改革中亚国家军人教育体系，按西方标准培训中亚国家军人并强化语言培训。2016年2月，哈萨克斯坦和北约制定了2016～2017年军事合作计划，以共同进行维和行动，加强军事教育合作，帮助哈建设职业化军队。美军表示将完善中亚国家的军事教育体系，美武装力量陆军科学院专家已开始为哈军人讲授课程[①]。其三，提供大量美式军事设施和装备。2015年美对塔军事援助极为活跃，向塔军队、警察、缉毒部门赠送了价值不菲的战术设备。乌则获得了20台边境巡逻车和328辆现代装甲车，成为获美军事援助最多的国家。[②] 4月，哈军获赠一架美国休伊直升机及零部件等维修缮后设备，用于与美及北约的共同维

---

① Астана сближается с НАТО, игнорируя обязательства по ОДКБ, http://pro-kg.com/2016/02/06/астана-сближается-с-нато-игнорируя-св/.
② США расширяют военную помощь Средней Азии, http://www.centrasia.ru/newsA.php?st=1460348460.

和行动,提高了哈空军执行任务的能力。① 其四,定期举行联合军事演习。2015年春夏,为提高哈军参与联合国和北约演习行动的战术协同性,在哈境内举行了有美英军人参加的"草原之鹰"第13次联合军事演习。其五,共同进行反恐、反核和缉毒合作。2016年2月,美国防部公布了打击恐怖主义的伙伴合作计划,其中规定2016~2017年将给中亚国家拨款5000万美元,其中大部分将给予塔吉克斯坦,用于完善与阿交界的边境防控体系。美塔军事合作正在从传统领域向反恐、缉毒、维护核安全领域拓展。

显然,出于维护国家利益的考虑,中亚国家乐于接受并加强与美的军事合作,美正在通过提升对强力机构的影响来增强对中亚国家的影响。据被称为"影子中情局"的美国私人情报分析公司Stratfor公司预测,俄在中亚地区的军事影响力由于经济困境而减弱,俄退出的空白将由美填补。② 中亚国家在俄美两国之间保持平衡的做法,并不违反集安组织章程。但中亚国家作为俄罗斯的传统盟友,其行为令俄担忧。俄专家建议,俄应以更强硬的态度表明自己的立场,对其做出严厉批评,避免其以获取经济利益为由,发展与西方的军事合作关系。另外,值得关注的是,2015年底哈通过《国家采购法》,对购买俄大宗物品和采购俄式武器进行了多种限制。作为俄在中亚地区最重要的盟友和欧亚经济联盟成员,哈的限制行为引发多方猜测,一方面认为哈军事领域的独立性将会增强,另一方面对于哈俄军事合作的未来产生不同看法。

五 民族文化传统的多元化
——国族认同的进一步加强削弱区域认同

中亚本身处于多种文化交界地带,多民族、多宗教特点显著。历史上,游牧文明和农耕定居文明在此交会,世界三大宗教伊斯兰教、基督

---

① Геликоптер "Хьюи". Вооруженные Силы Казахстана пополнились новым вертолетом (с лебедкой!), http://www.centrasia.ru/newsA.php?st=1460356380, 11.04.2016.

② США расширяют военную помощь Средней Азии, http://www.centrasia.ru/newsA.php?st=1460348460.

教、佛教在此均有信徒，东方文化和西方文化在此相互融合。长期以来，中亚国家之间的特点及差异性，由于曾被蒙古征服、统一纳入沙俄管辖及长期处于苏联体制之下，被掩盖或忽视了。在中亚，不仅哈、乌均有独立建国的历史，北部游牧民族与南部的定居农耕文明之间也有着巨大的差异性，在沙俄统治时期，对当前中亚五国地域内的管理体制也有相当大的差别。当前，传统历史文化中的差异性色彩逐渐显现，各主体民族独立建国造成的区域认同正在减弱。

（一）主体民族意识大于国家意识和区域意识

中亚国家独立后，主体民族意识增强，一些国家的政治精英，为了强调、突出主体民族国家的地位，有意识地"强调国族认同，进一步弱化了民众对于中亚的区域认同"。① 如哈萨克斯坦独立后大张旗鼓地搞海外哈萨克人回国定居活动，塔吉克斯坦最近强调要按照塔的历史文化传统起名，要去掉姓名中间的外族文化成分，拉赫蒙总统早已带头取消了名字中带有斯拉夫文化色彩的"诺夫"后缀。在一些地方，宗教意识形态对人的思想影响强于世俗体制。吉南部地区曾发生宗教丑闻，一些宗教学校的学生只知《古兰经》，不知有国家，听到国歌并不起立。当前，政治、经济领域的多元化，激起了潜藏在历史文化意识深处的差异性，不仅可能造成族群矛盾冲突，也可能引发国家内部社会动荡。

（二）族群认同差异导致国家间关系紧张

在乌吉塔三国交界的费尔干纳地区，表现极为明显。费尔干纳盆地，东西长300公里，南北宽170公里，人口约1500万，是中亚地区人口最密集的地区之一，多民族混杂而居。该地区人口密集，劳动力过剩，耕地和水资源短缺，经济落后，民众生活贫困，是滋生恐怖主义和宗教极端主义的温床。无论是历史上，还是近期以来，民族之间的暴力冲突时有发生。

---

① 李超、曾向红：《试析文化因素对中亚一体化的影响》，《俄罗斯研究》2014年第2期。

2010年吉国内政局动荡与南部乌吉族群暴力冲突相互交织,恶化了当地的形势,造成人员财产的重大损失。该地区民族关系恶化造成国家间关系紧张,乌塔曾因为族群关系不睦而长期封锁边界,互不往来;乌吉由于边界争议、族群仇恨而时常发生边境摩擦事件,零星枪击屡见不鲜,有时甚至会突然发生军事对峙。

(三)国内民族混居的村镇暴力冲突事件时有发生

2016年2月,哈萨克斯坦江布尔州布雷尔村,因某刑事案件引发哈萨克族和土耳其族之间的民族冲突,哈不得不出动南方军区部队,以演习为名控制事态。该村生活着1.2万名居民,其中以哈族为主,其他还包括土耳其族、俄族、阿塞拜疆族、亚美尼亚族、库尔德族、乌克兰族、乌孜别克族、维吾尔族。类似的村庄在哈萨克斯坦成百上千,历史上,阿克套市、南哈萨克斯坦州、阿拉木图州均发生过类似的民族冲突事件,这种由于经济落后、民族间关系不睦引发的社会紧张,如果被别有用心的人加以利用和挑拨,就有可能造成大范围的社会动荡。

六 中亚地区多元化的前景

中亚地区的多元化,主要是针对地区一体化概念提出的。中亚国家独立初期,由于苏联时期密切的经济联系的崩溃,各国经济陷入困境,为了克服困难,实现自救,在俄罗斯的主导下,中亚国家提出并发展了"中亚地区一体化"构想。基于其整体脱胎于苏联,有着类似的政治制度、经济模式、历史文化传统,外界也将其看作一个地缘政治整体,采取了类似或相同的外交政策和方针,对中亚国家实施了"一体化战略"。俄罗斯和中亚国家建立了独联体、独联体集体安全条约(后改组为集体安全条约组织)、关税同盟、欧亚经济共同体等地区组织,试图推动中亚国家的一体化发展。美国1997年以来提出新中亚战略、大中亚计划、新丝绸之路计划,均在一定程度上视中亚为一个整体,均衡地发展合作协调关系。北约则将中亚国家整体纳入"北约和平伙伴关系计划",联合国、欧盟、伊斯兰国家都有针对中亚国家的一体化战略。在这一阶段,经济领域的区域一体化是有一定成效的。有学者认为,"苏联解体后,为了维系原有的经济联系并加强与国际社会的交流合作,中亚国家纷纷组建或加入了众多的一体化合作机制。这些机制各具特色,在不同程度上起到了整合区域经济资源以及促进当地经济发展的作用"。[1]

随后,中亚地区出现"非一体化"("逆一体化")趋势,主要是由国家间在独立之后的政治建设、经济建设追求和速度差异造成的,人们认为"苏联解体后,原属于同一经济体的中亚国家曾有过共度时艰的短暂合作。但是随着时间的推移,这种短暂的合作已被竞争和防范所代替"。[2] 2013年7月,哈萨克斯坦《实业报》总编辑、总经理谢里克表示,由于各国处在不同的发展层次,且存在国家间的争端,中亚地区经济一体化在短期内很难实现。[3] 有学者在分析文化因素对中亚一体化的影响时提出,"中亚一体化进程经过20年的实践,不仅没有取得实质性进展,而且中亚国家间的合作逐渐被竞争与防范代替,呈现出停滞的局面"。他们认为"中亚地区宗教文化的区域整合力不高,不能为区域一体化提供政治思想;中亚各国国内的政治文化阻碍了中亚国家间的相互依赖;中亚学者缺乏区域一体化理论研究,民众缺乏'中亚认同'。这些文化因素共同导致了中亚一体化陷入停滞不前的困境之中"。[4] 2014年,哈萨克斯坦执行"中央欧亚计划方案",哈专家谈及中亚一体化时表示:"在我看来,中亚国家常被困于一个由外部强加的看法,即我们是一个地区,因此必须积极做朋友。无论是苏联建立之前(革命前),还是苏联解体之后的所有的逻辑都表明,我们并不是一个统一的区域,我们也不希望这样,至少目前也还没有这

---

[1] 张宁:《中亚一体化合作机制及其对上海合作组织的影响》,《俄罗斯中亚东欧研究》2006年第6期。

[2] 环球网:《中亚"逆一体化"给上合带来的挑战》,http://opinion.huanqiu.com/opinion_world/2013-05/3915601.html, 2013年5月9日。

[3] 中国经济网:《中亚经济一体化难以实现》,http://intl.ce.cn/specials/zxgjzh/201307/16/t20130716_24574966.shtml, 2013年7月16日。

[4] 李超、曾向红:《试析文化因素对中亚一体化的影响》,《俄罗斯研究》2014年第2期。

样。"① 另一名哈专家表示:"中亚一体化有中国的、美国的、俄罗斯的,但没有内部的一体化。"② 这些观点表明,虽然对于中亚地区一体化的认识、动因理解不一,但结论是基本相同的,即中亚国家的一体化进程正在成为明日黄花。

当前阶段,中亚地区多元化趋势全面快速发展。它立足于作为国际政治行为主体的国家,思考的是国家的安全,维护的是国家的利益,强调的是差异性,表现在政治、经济、外交、军事、文化等各个领域和各个层面。中亚地区曾在21世纪初出现过地缘政治的多元化,但这主要是在俄、美、印、伊朗、欧盟、北约等世界大国、地区大国和国际组织的中亚地缘战略的博弈中形成的,主要受外部因素主导。当前中亚地区的多元化发展,更多的是一种自我选择和主动实现,凸显中亚国家在转型期内一定程度上的成熟性。以往中亚地区的一体化,强调的是经济领域的一体化,而当前的多元化进程,不仅限于经济领域,而是各个领域全覆盖。特别需要指出的是,虽然多元化可能并不会是中亚地区国际关系的最终形态,但从当前形势看它可能会保留相当长时间。一方面,因为主导中亚一体化的外部力量在减弱,美从阿富汗撤军,中亚作为美等大国势力进入阿富汗的战略通道地位不复存在,因此在美国的对外战略考量中地位降低,美国正在重构新的中亚政策;③ 而俄罗斯在欧洲战略方面受到战略压制,经济受欧美制裁和国际油价暴跌而一蹶不振,难以为主导中亚一体化输送力量,即使是2015年1月正式启动的欧亚经济联盟,除不断强调其经济属性外,也由于俄作为主要成员国经济困难而进展甚微。另一方面,未来,中亚国家出于各自的国家战略利益需要,会加入不同的力量集团,这些力量集团在中亚地区的影响力重合叠加,既合作又竞争,使地区形势呈现多元化趋

---

① Владимир Парамонов, Интеграция в Центральной Азии: взгляд из Казахстана, http://www.ceasia.ru/forum/integratsiya-v-tsentralnoy-aziivzglyad-iz-kazachstana.html.

② М. Шибутов, Интеграция ЦА будет 《китайской》,《российской》,《американской》, но не внутренней, http://www.politcontakt.ru/2014/02/m-shibutov-integratsiya-sa-budetkitayskoy-rossiyskoy-amerikanskoy-no-nevnutrenney/.

③ 凤凰国际智库编译:《卡内基:美国的"中亚政策3.0"》,http://pit.ifeng.com/a/20160131/47308998_0.shtml,2016年1月31日。

向。中亚国家以不同的国际和地区组织的成员身份，进行不同的道路选择，或进行侧重点不同的政策选择，决定着多元化将成为未来中亚一定时期内的政治常态。

七 中亚地区多元化对中国的主要影响

中亚国家多元化道路选择，实际上反映了其独立自主意识的觉醒，国家主权意识更加强烈，对国家利益有着更加清晰的认定，制定和贯彻落实国家发展政策、方针更加理性。未来，美及北约从阿富汗撤军，中亚地区在美的对外关系中地位降低，今后中亚国家与大国及周边国家合作的独立性增强，主动性也势必增强，使多元化步伐进一步加快。中亚地区多元化对我国的主要影响反映在以下四个方面。

（1）中亚国家差异性增强，不再是铁板一块，拓展了我国对中亚研究的广度和深度以及政策制定的针对性要求。哈作为中亚地区大国，2016年既是欧亚经济联盟主席国，又已当选2017~2018年度联合国安理会非常任理事国，由其发起的亚信会议影响力不断增强。在国际体系转型、全球挑战加剧的大背景下，哈国际地位和影响力的提高，使中国在对哈的外交政策考虑和制定方面，不同于其他的中亚国家，要深入调查研究其实际情况——既要考虑其地区作用，也要考虑其国际影响和国际定位，甚至要考虑其在参与大国竞争中的立场和选择。

（2）中亚对外部势力防范心理增强，增大我国与其合作难度。中亚国家与俄美等大国保持密切关系的同时，防范戒备心理不断增强。由于中亚国家均视国家政权稳定尤其是维护现执政当局的利益为国内头等大事，受美国支持推动自身的自由和民主进程，吉2005年发生街头革命以推翻现政权的权力更迭方式，给中亚国家造成了巨大的心理阴影；俄罗斯则在俄格战争和乌克兰危机中，表现出强烈的大国主义倾向，在与中亚国家的合作中，逐渐推行注重国家利益的务实外交政策，也使中亚国家产生担忧。在双重恐惧心理反弹作用下，中亚国家维护国家主权和安全意识增强，对与外部的合作提高了防范。实际上，目前并没有任何一个大国能够像从前一样主宰和操控任何一个中亚国家的所有事务。2005年安集延事件后,乌美关系迅速恶化,正是由于乌对美的不满导致的;2014年乌克兰危机期间,作为俄的传统盟友,哈萨克斯坦表现出对双边关系的疑虑,担心"与俄经济联盟威胁该国独立",① 正是这一心态的反映。尽管我国坚持互利互惠、平等协商、合作共赢的合作理念,但随着合作关系的增长、扩大和深化,矛盾分歧和误解特别是利益的竞争,容易激起中亚国家的自我防范心理,如以维护环境为由阻碍与我国有关的合作项目的推进。中国威胁论、中国人口扩张论、中国经济扩张论在中亚都有一定市场;有的中亚国家有时甚至幻想利用大国之间的分歧矛盾,向中国提高合作要价。

(3) 中亚国家间关系缓和有利于我国与中亚国家多边合作的推进。来自外部的压力减弱之后,中亚国家开始有意识地加强彼此的协作、解决历史遗留问题和矛盾分歧,共同应对挑战。部分中亚国家之间,由于历史遗留问题和经济竞争与矛盾,关系一度极为紧张,特别是塔乌、吉乌,一度由族群间对立上升为国家之间的对抗。但地缘政治的不可忽视和难以超越,促使中亚国家之间尝试弥合分歧,扩大彼此之间的合作。2015年以来,乌塔双方采取措施,大力缓和关系,就很多分歧达成共识。吉乌2016年虽然仍然发生了边境军事对峙事件,但出于维护地区和国家安全考虑,在短时期内较快予以平复。哈乌作为地区大国,曾为争夺地区主导权而进行竞争,近年来合作和往来逐步增多。2016年4月,哈总统纳扎尔巴耶夫访问乌兹别克斯坦,就安全问题和两国友好关系进行会谈,进一步深化了双边关系。随着ISIS在阿富汗和中亚地区的渗透趋势增强,中亚国家加强合作,互相支持,对其予以打击和防范。各方还在上合组织、集安组织等多边层面就友好合作问题进行讨论。这些趋势表明,中亚国家正尝试逐步放下历史恩怨和遗留问题,积极应对当前的形势和困境。这一趋势为我国扩大与中亚合作、积极推动"丝绸之路经济带"计划创造了时机,应该当机立断,把握机遇,下大力气推动丝路建设计划多边项目的积极落实。

---

① 新浪财经网:《哈萨克斯坦担忧与俄经济联盟威胁该国独立》,http://finance.sina.com.cn/world/20140905/015720217565.shtml,2014年9月5日。

（4）就上合组织的发展而言，中亚国家之间的差异性可能增大合作的成本，但成员国的政治成熟、经济进步、社会稳定、民心思定，则更有利于上合组织的长远发展。经济和安全合作"双轮驱动"，是上合组织发展进步的强大动力。意识到国家真实利益所在后，为了推动国家经济发展和维护地区安全稳定，中亚国家势必要借助上合组织这一多边框架。虽然受到国际石油市场价格的降低、俄罗斯劳务市场份额的压缩、俄罗斯卢布的贬值等外来不利影响，但中亚国家向内寻求动力，向外寻求支持，以内外互动、统筹一体来维持经济进步和政治稳定。这一积极的行动方式和趋势，必然有利于上合组织的长远发展。如原来阻碍上合组织多边合作的中亚国家间矛盾和分歧的缓和，有利于推动上合跨境合作项目的落实，特别是在基础设施的跨境修建和连通方面。上合组织在整合中亚地区多元化趋势过程中，增强对不同国家的政策针对性，可以丰富和增加上合组织的组织建设经验，为上合组织真正成为一个国际组织提供铺垫和基础。

土库曼斯坦永久中立国地位研究

朱倍德

(上海外国语大学 俄罗斯研究中心,上海,200083)

【摘　要】 1991年,土库曼斯坦成为一个独立国家,随后几年,其邻国阿富汗陷入严重的内战之中,而另一个邻国伊朗则是政教合一国家,一直对输出伊斯兰革命抱有浓厚兴趣。总之,土库曼斯坦独立后的周边环境较为险恶,出于多方面的考虑,尼亚佐夫总统选择了中立的外交道路,这给土库曼斯坦带来了国家发展所必需的和平与安宁;与此同时,土也利用自己的中立地位抵御住了西方对自身的种种批评。当然,土库曼斯坦的中立也并不是不偏不倚的,它在很大程度上仍倾向于俄罗斯。

【关 键 词】 土库曼斯坦;永久中立;尼亚佐夫;和平发展

【作者简介】 朱倍德,上海外国语大学俄罗斯研究中心博士研究生,主要研究方向:独联体区域政治及历史。

一　土库曼斯坦寻求成为永久中立国的原因

关于土库曼斯坦采取中立政策的原因,许多学者已经对此进行了论述。国际知名的土库曼斯坦问题专家卢卡·安塞奇(Luca Anceschi)认为,土库曼斯坦采取中立政策主要是为了保住国内集权政权的权力,因为中立政策可以把其他大国对土库曼斯坦的影响降到最低，这样土库曼斯坦政权所受的威胁也就相应减少。而在许多中国学者看来，土库曼斯坦之所以采取中立政策，很大程度上是由其刚独立时的周边环境所决定的。土库曼斯坦独立之初，其邻国阿富汗正处于严重的战乱中，伊朗也有输出伊斯兰革命的倾向。所以，对土库曼斯坦来说，中立政策应是最好的一个选择。

（一）与邻国保持良好关系

土库曼斯坦独立后，其东南部的邻国阿富汗即陷入严重的动乱之中。1992年4月，原苏联扶植的人民民主党纳吉布拉（Mohammad Najibullah）政权倒台，阿富汗随即陷入混乱之中。1992年6月，阿富汗反对派上台执政，但政权并不稳固，在此后的几年里，阿富汗大小军阀相互火并，内战的火焰越烧越猛。土库曼斯坦与阿富汗的共同边界长达804公里，在独立之初，土库曼斯坦就必须考虑如何在邻国战火纷飞时保全自己。这时的土总统尼亚佐夫便想到要实行中立政策，这个中立有两层含义：一方面，在世界大国，如美国、俄罗斯等国之间保持中立；另一方面，在阿富汗各派之间保持中立，以使各种伊斯兰武装无机可乘，找不到将土库曼斯坦拖入战火的借口。

因此，对土库曼斯坦来说，在这时采取中立政策是非常聪明的自保之策。那时，阿富汗内战的影响力早已越过了阿富汗边界。塔吉克斯坦是阿富汗的北方邻国，自独立后一直处于动荡之中，塔吉克民主党与具有强烈伊斯兰激进色彩的伊斯兰复兴党联合向塔吉克斯坦政府发难，要求取得政权。这里需要特别提一下塔吉克伊斯兰复兴党。1985年戈尔巴乔夫上台后推行"公开性"和"民主化"，到80年代后期，各种民族和宗教势力纷纷出笼，1990年，苏联伊斯兰复兴党成立，1991年末苏联行将解体时，塔吉克伊斯兰复兴党从苏联伊斯兰复兴党中脱胎诞生，该党具有强烈的宗教激进主义色彩，主张建立政教合一的伊斯兰国家。在之后的塔吉克斯坦内战中，伊斯兰复兴党战斗力惊人，一直与政府军打的难解难分，直到1997年双方才签订停战协定。

需要指出的是，该党之所以具有如此大的战斗力，是因为其得到了阿富汗的大力支持：在1992年底失去合法地位后，以赛义德·努里（Sayid Abdulloh Nuri）为首的塔吉克伊斯兰复兴党员逃到阿富汗，他们在阿富汗成立流亡政府并组织武装，继续对抗塔吉克斯坦中央政府。1994年，反对派在塔阿边界以及塔境内不断挑起冲突，暗杀、抢劫等恐怖活动加剧，社会治安严重恶化，边境地区日益激烈的武装冲突造成了大量人员伤亡。从这里我们可以更清楚地看到，阿富汗极端分子对塔吉克斯坦反对派的支持是重要而明显的。而具有巧合意味的是，当阿富汗内战于1997年平息后，塔吉克斯坦反对派也在1997年与政府签订了和平条约。

总之，塔吉克伊斯兰复兴党得到了阿富汗极端势力的大力支持，所以尼亚佐夫深知，土库曼斯坦在独立后面临着严峻的地缘政治形势，塔吉克斯坦的内战就是一个深刻的教训，土库曼斯坦必须处理好与阿富汗这个邻国的关系。在经过深思熟虑后，尼亚佐夫决定采取中立政策（此时的中立暂指狭义上的中立，即在阿富汗内战双方之间的中立），可以说，这是非常巧妙的一个对外政策，使土库曼斯坦对阿内战双方都不得罪，且土的反对派也不可能跑到阿富汗去寻求支持。与之相反，塔吉克斯坦总统拉赫蒙却在阿富汗内战中支持塔吉克族军阀，这就令塔利班等阿富汗武装与塔吉克斯坦的关系迅速恶化，使塔随时面临着来自阿富汗方面的威胁。而对土库曼斯坦来说，明智的中立政策为它带来了和平与稳定，让土在90年代初混乱不堪的地区局势中安然无恙。因此，我们必须对土库曼斯坦的中立政策给予高度评价。2002年6月，阿富汗驻俄罗斯大使就表示，土库曼斯坦与阿富汗有800多公里的边界，土奉行的中立政策保证了土方一侧的安全。①

还需要指出的是，90年代初，共产主义意识形态在中亚刚刚崩溃，各国人民都面临着意识形态上的真空。在这一时期，极端的伊斯兰思潮迅速兴起，在中亚地区流行，要求建立政教合一的国家，土库曼斯坦当然也感

---

① 《阿富汗驻俄罗斯大使谈土库曼斯坦在建设天然气管线中的作用》，商务部公共信息服务网，http://ccn.mofcom.gov.cn/swxw/show.php?eid=8982，2002年6月17日。

受到了这一威胁。因此可以说,土库曼斯坦在外交上实行的中立政策将自己与南部的伊斯兰极端思潮隔离开来,向周边的伊斯兰国家表明了自己的态度,防止了其他国家向土推销伊斯兰极端思潮,有效地维护了国家的稳定。另外从地理位置上看,土库曼斯坦和塔吉克斯坦都是前苏联最南部的共和国,在某种程度上也是防止伊斯兰极端力量深入独联体的先锋。因此,土库曼斯坦的中立可谓给独联体树立了一道"防火墙",有效防止了塔吉克斯坦内战之类事件的发生。

与伊朗的关系也是促使土库曼斯坦选择中立政策的重要原因。伊朗位于土库曼斯坦南部,两国共同边界长达1500公里,伊朗于1979年爆发伊斯兰革命后,一直热衷于输出伊斯兰革命,在90年代初的塔吉克斯坦内战中就有伊朗的影子:塔吉克伊斯兰复兴党得到了阿富汗的支持,而阿富汗背后又有伊朗、沙特阿拉伯等伊斯兰国家的支持。这些伊斯兰国家通过阿富汗为塔吉克伊斯兰复兴党提供武器和活动经费。① 由此可见,处理好与伊朗的关系对土库曼斯坦来说至关重要。在这种形势下,中立政策就显得十分明智,该政策使伊朗明白,土库曼斯坦不可能接受其伊斯兰化方案;但同时,中立又使得土库曼斯坦可以不顾美国的禁令,大力与伊朗开展经济上的合作,拓宽土库曼斯坦的经济渠道。总之,中立政策使土库曼斯坦在独立之初的动荡环境中毫发无损,同时又能与周边几个"麻烦国家"(troublesome countries)② 搞好关系、进行经济合作。可以说,中立政策是土库曼斯坦和平度过过渡时期的一大功臣。

(二) 俄罗斯独立后倒向西方

在原苏联的经济体系中,土库曼斯坦基本是个向其他共和国提供原料和能源的基地,工业制成品需从其他共和国输入。苏联解体后,这种原有的经济联系受到了极大的破坏,土库曼斯坦的经济也陷入危机之中。因

---

① 高永久、徐亚清:《独立后的中亚五国政治体制》,《西北师范大学学报》2003年第5期。
② 张磊、〔哈〕库阿内什:《中亚五国对外战略及其地缘政治动因》,《国际论坛》2009年第3期。

此，在后苏联时代早期（1992年1~8月），与独联体国家进行各方面的合作尤其是与俄罗斯保持特殊关系是土库曼斯坦对外关系的基本原则。① 可以说，独立后中亚各国领导人都把俄罗斯看作维护地区稳定的首要因素，也是解决过渡时期问题尤其是经济自由化时不可缺少的伙伴。但俄罗斯在独立之初却采取了向西方"一边倒"的政策，其外交总的方针是全力追求早日加入"西方文明世界大家庭"；叶利钦在同美国总统老布什签署的《华盛顿宪章》中称，"作为俄美关系出发点的基本原则是民主"，俄美决心建立的和平是"建立在政治自由和经济自由这两根支柱上的"。在重大国际问题上，诸如在南斯拉夫、伊拉克等问题上，俄罗斯都与西方采取相同的立场。甚至在西方没有提出要求的一些问题上，俄罗斯也主动做出让步。② 与之相反，俄罗斯此时对于中亚及独联体有着明显的轻视，1992年3月30日，俄最高苏维埃下属的共和国关系、地区政策和合作委员会及俄罗斯外交部举行了一次关于俄对独联体政策的听证会。听证会的观点是："独联体是没有意义的"，并建议俄联邦将独联体政策的"重点转移到纯双边关系问题上"。③ 总之，在以上观点的影响下，俄罗斯在该时段的中亚政策主要是维护俄罗斯人在中亚的利益、维持中亚的稳定及与中亚各国建立良好的双边关系。

除在政治上追随西方、看轻独联体外，在经济方面，1992年初，俄罗斯在没有与其他独联体国家商量的情况下实行了"休克疗法"，率先放开物价。由于独联体其他成员国尚未独立发行货币，俄罗斯的举动对它们造成了猛烈冲击，使原本恶化的经济近于瘫痪。这些国家被迫采取一系列反抗措施，如发行临时货币、禁止本国产品外运、建立边界和海关等。④ 俄罗斯的这一突然举动进一步破坏了原有的经济联系，使土库曼斯坦的经济进一步滑坡。总之，独立初期的土库曼斯坦对与俄罗斯合作还是抱有很大

---

① Luca Anceschi, *Turkmenistan's Foreign Policy: Positive Neutrality and the Consolidation of the Turkmen Regime*, Routledge Press, 2009, p. 102.
② 李静杰、郑羽：《俄罗斯与当代世界》，世界知识出版社，1998，第89页。
③ 李静杰、郑羽：《俄罗斯与当代世界》，世界知识出版社，1998，第206页。
④ 许志新：《俄罗斯对独联体政策（1992—2000年）》，《欧洲》2001年第5期。

希望的，但俄罗斯在经济上不顾别国，擅自做出放开物价的重大决定，在政治上又忽视独联体、全面倒向西方（甚至在某些问题上成了西方的"小兄弟"），这一切都使土库曼斯坦对俄罗斯产生了严重的信任危机。尼亚佐夫看到，倒向俄罗斯、寻求与俄罗斯进行合作基本是不可能了，而与那些一味强调政治民主化的西方合作也不合适，因为这样做的结果很可能是"引火烧身"，最终导致土库曼斯坦的政治动荡。因此，尼亚佐夫在1992年7月第一次提出了获取中立地位的想法。在这之后，土库曼斯坦逐步开始推行中立的外交政策，并力求使其中立地位得到国际社会的普遍承认。

（三）联合国承认土库曼斯坦永久中立地位的原因

实际上，在当今国际事务中，起决定性作用的还是大国，联合国在某种程度上也还是被大国控制的工具，相当多的决议反映的也是各大国的意志。因此在表面上，是联合国接受并确认了土库曼斯坦的中立，但实际上，是各大国认可并批准了土库曼斯坦的永久中立国地位，这是因为，土的这一行为符合各大国的切身利益。具体来说，首先，美国与俄罗斯都害怕宗教激进主义从阿富汗扩散到土库曼斯坦并进一步蔓延。尼亚佐夫在其关于中立的著作《永久中立，世代安宁》中谈道，他在1995年10月的联合国成立50周年纪念大会上多次向各国元首及政府首脑宣传土库曼斯坦的中立主张，"他们全都高度评价我们的政策，承认它是重要地区的稳定因素"。① 总之，西方国家和俄罗斯都十分担心宗教激进主义的扩散，鉴于塔吉克斯坦的状况，他们害怕土库曼斯坦将步其后尘，因此都支持土成为中立国的建议，从而避免伊斯兰极端势力的进一步扩散。其次，对美国及西方其他国家来说，土库曼斯坦这个独联体成员国的中立将使其与俄罗斯保持一定的距离，并有可能脱离俄的势力范围。由于中亚一直是俄罗斯的"后院"，因此，面对土关于中立的意图，美国与西方其他国家自然求之不得，并予以大力支持。它们认为也许自己还有机会乘虚而入，将土库曼斯

---

① 〔土〕萨·尼亚佐夫：《永久中立，世代安宁》，赵常庆等译，东方出版社，1996，第219页。

坦这个天然气资源丰富的国家拉入西方的势力范围。

1995年12月12日，根据法国、俄罗斯、美国、德国、土耳其、伊朗等25个国家的提案，联合国185个国家一致通过了《关于土库曼斯坦永久中立的决议》。可以看出，美俄等主要大国都是该提案的发起国，因此，联合国对土库曼斯坦中立地位的批准显然得到了各大国的一致赞成。

二 土库曼斯坦永久中立国地位的特征

（一）中立使土不加入各种军事集团

独立后的中亚各国普遍国力较弱，因此在俄美等大国觊觎中亚的情况下，它们开始或主动或被动地加入各种军事组织。1992年，在俄罗斯的牵头下，除土库曼斯坦之外的中亚四国全都加入了独联体集体安全条约；90年代末，北约也开始在中亚积极活动，并在该地区推行其"和平伙伴关系计划"（NATO Partnership for Peace Programme）。当然，由于俄罗斯在该地区的强大影响力以及中亚各国在地缘政治上的考虑，中亚并没有一个国家要求加入北约。尼亚佐夫明白，面对美俄在中亚激烈的竞争，相对弱小的中亚国家有时是无法拒绝大国要求而加入某个军事集团的。但在加入这些军事集团后，其主权肯定会受到一定程度的制约。因此对土库曼斯坦来讲，在抵御大国要求其加入军事集团方面，永久中立地位是一个很好的屏障。对此土库曼斯坦的法律做了明确说明，土宪法第6条和《永久中立法》均规定，土库曼斯坦"作为国际社会的全权主体，普遍承认国际法准则优先，在对外政策中坚持永久积极中立原则，不干涉其他国家内政，不诉诸武力，不参加军事集团和军事同盟，促进发展与本地区国家和全世界所有国家的友好和互利合作"。[①] 可见，土将"不参加军事集团"这一原则以国家根本大法——宪法的形式固定了下来，显示了其保持中立的决心。

根据尼亚佐夫的中立外交方针，土库曼斯坦不参加军事同盟和军事集

---

① 施玉宇：《土库曼斯坦》，社会科学文献出版社，2005，第191页。

团，也不参加带有详细硬性规定职能或要承担集体责任的跨国同盟。① 而在具体的外交实践中，土库曼斯坦也很好地执行了这一政策。独立后土库曼斯坦加入了不结盟运动，签订了《核不扩散条约》。但土没有参加独联体的军事演习，也没有参加美国与北约于 1997 年开始在中亚举行的军事演习。以上土政府的行为都说明，土完全恪守了中立原则，没有参加任何军事集团，有效维护了自己的主权。而在尼亚佐夫去世后，土库曼斯坦不加入任何军事集团的决心仍然没有改变：2007 年，北约领导人试图在各个领域与土库曼斯坦展开合作，但土库曼斯坦的中立地位使土新总统别尔德穆哈梅多夫将谈判内容仅仅局限在共同打击毒品走私、防范国内突发事件、在"虚拟丝绸之路"（The Virtual Silk Highway Project）项目框架内保证国防部快速登录互联网等问题上。由此可以看出，土库曼斯坦的中立地位有效维护了土库曼斯坦的主权，成功抵御了大国要求其加入军事集团的要求。

另外，土库曼斯坦的永久中立地位也有效地抵御了外国想要在土设立军事基地的企图。"9·11"事件后土库曼斯坦政府表示，土支持建立反恐同盟，愿意加入这一同盟并与之合作。但土将"始终恪守永久中立国立场"，只"提供空中和地面走廊为阿富汗人民运送人道主义援助的和平救援物资"，并强调其基地"不供非人道主义的军事行动使用"。土库曼斯坦"不会向任何国家提供军事基地或成为武器运输通道"。② 因此，当 2002 年初德国要求土提供领空和基地供打击阿富汗使用时，尼亚佐夫对德国驻土大使马滕（Hans Mattern）说道："积极中立地位不允许我的国家在本地区或其他地方支持任何军事行动。"③ 而在 2005 年，当俄罗斯媒体报道美国可能在马雷州（Mary）设立军事基地时，土外长梅列多夫（Rashid Meredov）说，土库曼斯坦不打算将其机场用作美军军事基地……土库曼斯坦

---

① 〔土〕萨·尼亚佐夫：《永久中立，世代安宁》，赵常庆等译，东方出版社，1996，第 226 页。
② 施玉宇：《土库曼斯坦》，社会科学文献出版社，2005，第 192 页。
③ Rick Rozoff, "Turkmenistan Turns down German Request to Use Its Air Space", https://www.mail-archive.com/antinato@topica.com/msg03163.html, Jan. 08, 2002.

将严格履行作为一个中立国家的承诺。① 总之从以上事例中我们也可以看出尼亚佐夫的政治智慧：他知道中亚各国都是弱国，很难应对外国要求设立军事基地的要求，因此寻求国际上承认的永久中立是抵御这一行径的最有效方法。在中亚这几个国家里，吉尔吉斯斯坦、塔吉克斯坦、乌兹别克斯坦都有（或曾有）美军和俄军的军事基地，而土库曼斯坦则凭借其永久中立国的独特地位成功抵御了外国要求设立军事基地的要求。

土库曼斯坦对上合组织的态度也鲜明地表现了这个国家的中立外交。时至今日，中亚地区的其他四个国家都是上合组织的成员国，唯有土库曼斯坦是个例外。与上合组织有关系的国家被分为四类，分别是：成员国、观察员国、对话伙伴国和峰会主席国客人。而土库曼斯坦是"峰会主席国客人"中的一员，其地位甚至还不如具有"对话伙伴国"地位的斯里兰卡。与其他几个上合组织的正式成员一样，土库曼斯坦也是前苏联范围内的中亚国家，因此土在上合组织中"地位低下"并不是因为该组织不愿接纳土，而是土自身的中立外交政策使然。另外，从后面的发展趋势来看，上合组织的合作范围越来越广，已经扩展到了许多政治和经济领域；而在军事合作方面，上合更是几乎年年都会举行军演，因此在一些西方人的眼中，上合已经成了一个"东方的政治军事集团"。而土库曼斯坦在独立后一直奉行中立政策，对于参加这种一体化程度较高的组织一直持排斥态度，因此土不参加上合也是不足为奇的、合理的结果。

（二）脱离独联体层面的地区合作

独立后的土库曼斯坦认为独联体其实是俄罗斯力求扩展其在前苏联地区势力的工具，加之独联体办事效率低下（虽然签署了很多文件，但真正执行的却很少），因此土库曼斯坦决定要与独联体保持距离，把外交重点放在与单个国家的双边外交上，而要做到这一点，中立就是一个很好的政策工具。1995 年 2 月，土库曼斯坦用这一理由拒绝加入独联体集体安全条

---

① "Turkmenistan Does not Want U. S. Military Base on Its Territory", http://www.democraticunderground.com/discuss/duboard.phpaz=view_all?1979, Sept. 08, 2005.

约，土官员称，"宪法中关于永久中立"的规定使得土库曼斯坦必须拒绝介入军事集团及其他成员国拥有共同责任的军事联盟。实际上，土是担心俄罗斯在独联体军事合作中的领导地位会使俄重新确立对其他国家的霸权地位。土库曼斯坦也没有加入欧亚经济共同体这个独联体范围内的经济组织。2005年，土用中立来疏远独联体的政策达到了极致：当年8月尼亚佐夫给独联体喀山会议的公开信上写道："土库曼斯坦参加独联体的立场将以其作为长期中立国的对外方针为基础，其中立国地位得到了联大1995年12月12日决议的承认和支持。"① 最后土宣布，将把自己的成员国地位降为一个联系国，以非正式成员国的身份参与独联体的活动。土认为，这样才能完成积极中立政策所确定的目标。由此可以看出，土为了与独联体拉开距离，充分运用了自己的中立地位，并成功达到了自己的目标。需要指出的是，尽管在2005年土库曼斯坦与俄罗斯之间的双边关系很好，甚至可以说是准盟友的关系，但独联体由于效率低下，可以说已经名存实亡，因此土对独联体一直不甚看好。所以在这次会议上，土库曼斯坦"以中立地位的名义"宣布降低自己的成员国身份。

（三）土库曼斯坦对外合作的偏向性及原因

仔细观察土库曼斯坦的外交就会发现，虽然土看似与所有国家都保持友好关系，但实际上与土进行实质性合作的国家是很有限的。土库曼斯坦与那些自认为"不友好"的国家保持距离，但与那些"可信赖、与之打交道有利可图"的国家积极保持联系。例如，土库曼斯坦现在的天然气出口对象仍是俄罗斯、伊朗、中国等几个大国。当然，地缘因素在这里非常重要，俄、中、伊等国是土库曼斯坦的友好国家，同时又都有一定的合作意愿与实力，这也是土主要与这几国进行合作的重要原因。除此之外，受意识形态、历史因素等影响，土库曼斯坦仍在很大程度上把美国看作意识形态上的"敌对国家"。由于两国在政治制度、政治文化方面存在太大的不

---

① 《土库曼斯坦欲率先退出独联体，将以中立国参加活动》，新华网，http://news.xinhuanet.com/mrdx/2005-08/29/content_3417021.htm，2005年8月29日。

同，且土库曼斯坦一直是美国眼中的"超级独裁国家"，再加上十年前在独联体许多国家所发生的一系列"颜色革命"，土库曼斯坦对于与美国进行合作始终抱着十分谨慎的态度，别尔德穆哈梅多夫担心，如果过分引入美国势力，自己有可能像当初的谢瓦尔德纳泽那样"引火烧身"，最终不得不黯然下台。另外，土库曼斯坦之所以和俄罗斯、伊朗、中国等国积极合作，就是因为这些国家都不对土库曼斯坦的政权体制表达异议。也就是说，与这些国家合作不会对土库曼斯坦的政权稳定构成威胁。除此，在国际政治舞台上，与那些美国的"盟国"相比，这些国家总体上是站在美国的对立面的，对美国在国际上的很多强权做法都不予赞同。由于在这一点上有着相同的利益，再加上历史、地缘等因素，土库曼斯坦自然而然地倾向于和这些国家进行大规模的合作。

在外因方面，土之所以能与这些"可信赖国家"进行合作，是因为俄罗斯允许土库曼斯坦这样做。土库曼斯坦其实也想与其他国家和地区如欧盟等方面进行合作。2012年5月22日，别尔德穆哈梅多夫在第三届国际天然气展会开幕前说，"我们未来打算同欧元区国家的相关机构在燃料动力综合体领域建立起紧密合作，向欧洲国家供应土库曼斯坦天然气"。① 也就是说，土库曼斯坦在考虑向欧洲输送天然气的可能性，为此近年来开展了铺设跨里海天然气管道的谈判。但俄罗斯反对这样做，认为在里海法律地位确定之前，只能在里海五国都同意的情况下实施里海天然气管道项目。② 莫斯科对建设从土库曼斯坦经里海海底至阿塞拜疆的天然气管道感到担忧——这将损害俄罗斯在中亚能源对欧输出方面的垄断地位。③ 由于俄一直将中亚几国乃至所有其他前苏联加盟共和国看作自己的势力范围，因此俄反对这些国家与西方进行合作（如同最近俄罗斯对乌克兰做的那样）。所以说，土库曼斯坦政权对于和西方合作的猜疑，加上俄罗斯对此

---

① 《土库曼斯坦和欧盟就天然气供应开展建设性谈判》，人民网，http://finance.people.com.cn/GB/70846/17971768.html，2012年5月24日。
② 《土库曼斯坦和欧盟就天然气供应开展建设性谈判》，人民网，http://finance.people.com.cn/GB/70846/17971768.html，2012年5月24日。
③ 《俄领导人将同土库曼斯坦总统商讨天然气问题》，俄新网，http://rusnews.cn/xinwen-toushi/20111223/43266485.html，2011年12月23日。

表示反对（这是最主要的原因），导致土库曼斯坦对外关系中的这种"非中立因素"是如此明显。因此在很大程度上，土库曼斯坦这种"偏向俄罗斯的非中立因素"的出现是被动的、不得已的。由此也可以看出，俄罗斯对于这些前苏联加盟共和国的控制欲非常强，一定要这些国家"与自己站在一起"，否则就会出现 2016 年初俄罗斯干预乌克兰的景象。

东欧天然气分析中心主任柯尔切姆金认为，对于土库曼斯坦天然气的任何扩张计划，只要不是向欧洲运输，俄罗斯都会满意。[①] 由此可见，土库曼斯坦和中国的天然气合作也是在得到了俄罗斯的认可之后，土库曼斯坦才敢实施的。可以说，俄罗斯对土库曼斯坦外交中这种"非中立的偏向性"负有相当大的责任。如果不是俄罗斯的压力，恐怕土库曼斯坦早就开始与欧洲进行天然气方面的合作了。总之，尼亚佐夫提出的"中立"就是为了使土库曼斯坦获得更大的自主权，而从现在来看，这一点仍然没有实现。

三 永久中立地位对土库曼斯坦的影响

（一）中立可使土摆脱西方的压力

独立后，土库曼斯坦一直处于尼亚佐夫的掌控之下，因此土一直是西方进行政治民主化的目标。但 1995 年，土库曼斯坦取得了联合国确认的中立地位，此后土充分利用了这种地位，在应对国际上政治民主化的要求时，土库曼斯坦官方通常会以积极中立作为借口。[②] 事实证明，土库曼斯坦的这一策略也取得了他们预想的效果，西方大国虽然总在对土库曼斯坦的"不民主"和人权状况进行指责，但土一直以中立国自居，指出其他国家并没有干涉其内政的权力，或者干脆不予回应，而西方国家也并没有采

---

① 《俄土两国停止建设跨里海天然气管道》，俄新网，http://rusnews.cn/xinwentoushi/20101025/42905371.html，2010 年 10 月 25 日。

② Luca Anceschi, *Turkmenistan's Foreign Policy: Positive Neutrality and the Consolidation of the Turkmen Regime*, Routledge Press, 2009, p. 125.

取什么实际的行动。也就是说，中立成了土库曼斯坦应对西方对其政治进行指责的一个挡箭牌。因此可以说，土库曼斯坦的中立并不是一个意料之外的结果，相反它是一个经过土政权深思熟虑的、用来达到其目标的方法，无论是尼亚佐夫还是别尔德穆哈梅多夫政权，都把中立看作防止受侵害的有效形式。西方也意识到了这一点，欧安组织土库曼斯坦事务专员德考（Emmanuel Decaux）就说："永久中立不能成为土库曼斯坦不履行其对欧安组织人权会议、联合国及国际劳工组织等机构义务的借口。"[1]

除了应对西方在人权和政治民主化上的指责外，永久中立政策还使得土库曼斯坦在其他方面成功抵御了西方的压力。如在天然气管道的修建上，由于土库曼斯坦的永久中立政策及其在国际上的独立地位，土与美国一直保持着一定的距离，这使美至今还不能对土库曼斯坦形成有效说服力，其中包括阻止土库曼斯坦实施不利于美国的濒里海天然气管道项目及经乌兹别克斯坦和哈萨克斯坦向中国输出天然气的管道项目。[2] 对土库曼斯坦来说，上述经济合作都是有着巨大的经济好处的，如果土没有相对独立的地位，那土库曼斯坦肯定会在经济上遭受巨大损失。因此可以说，土库曼斯坦的中立政策不仅使土抵御了西方的影响，更维护了土库曼斯坦的经济主权，保证了国家的经济利益。

（二）中立使土库曼斯坦陷入孤立

在采取中立政策后，特别是在尼亚佐夫时代，土库曼斯坦属于世界上的"孤立国家"。永久中立得到联合国的确认后，土为维持自己的中立地位，避免参加任何地区性的国际组织（独联体除外），但这在事实上使土库曼斯坦"与世隔绝"，成了一个在国际上几乎处于孤立状态的国家。

土库曼斯坦独立后选择了中立的外交政策，但与其他中立国一样，土库曼斯坦也面临在国际上被孤立的危险。但与瑞士这些中立国在国际上的

---

[1] Luca Anceschi, *Turkmenistan's Foreign Policy: Positive Neutrality and the Consolidation of the Turkmen Regime*, Routledge Press, 2009, p. 136.

[2] 顾凡：《土库曼斯坦 2007 年的对外政策及其 2008 年前景预测》，《中亚信息》2008 年第 3 期。

"孤立"相比，土库曼斯坦的这种孤立更像是自己有意为之。和中亚其他国家一样，土库曼斯坦在政权结构上属于"威权国家"，而这些国家共同的特点就是，本国的领导阶层为了维护自己的统治地位，同时也为了国家能更好地发展，或多或少会采取某种程度上的"锁国"政策，因为这种不开放会减少外界尤其是西方对本国的干扰，从而最大限度地维护自己的政权、保证国家平稳发展。在1991年10月22日第十届国民会议上，尼亚佐夫宣布"处于欧亚连接地带的土库曼斯坦已准备好去充当一个促进地区合作的桥梁"。[①] 实际上，这段话可以说是个讽刺，因为土库曼斯坦在这20年里实际上是很封闭的，离尼亚佐夫说的"桥梁作用"相差甚远，在某种程度上它还是该地区最封闭的国家，阻碍了国际交流的进行。需要指出的是，土库曼斯坦之所以能在国际上选择这种"孤立状态"，与俄罗斯对它的支持是密不可分的。土库曼斯坦政权的威权性质使得土不可能在西方获得全力支持，因此俄罗斯变成了其唯一可以依靠的伙伴；对俄罗斯而言，在中亚地区维持影响力一直是其既定目标，而土库曼斯坦巨大的天然气资源又对俄有着很强的吸引力。因此，俄罗斯便对土库曼斯坦政权保持了长期的支持，这种支持使得土库曼斯坦在国际上继续保持自己的孤立状态。在这之后，土库曼斯坦决定对国际上关于其人权的批评之声不予理睬，这显示了土库曼斯坦已将俄罗斯视为其唯一可以依赖的大国伙伴。

中立政策的核心就是与各国都保持一定距离，进行等距离外交。但在当今的国际社会里，无论是大国还是小国，许多国家都有自己的"盟国"，这样做的好处就是：这些国家在许多国际事务上可以相互支持，并且能够一起应对共同的"敌人"。而土库曼斯坦所推行的中立外交使得土在国际上没有这样的"盟国"，因此土在许多国际事务上就会显得较为孤独，得不到其他国家的有力帮助，在将来遇到对其怀有敌意的国际事务时土库曼斯坦也只能独自应对。久而久之，这就很可能造成土库曼斯坦在国际舞台上被孤立。面对这种可能性，土库曼斯坦的官员表示，中立不会导致"自

---

① Ertan Efegil, Ayse Mine Oicay, Huseyin Kidjk, "An Essay on the Cooperation between Turkmenistan and International and Regional Organizations", *Journal of Azerbaijani Studies*, 1999, p. 22.

我孤立，而会在地区和国际上产生一个积极的、建设性的姿态"。① 但事实上，在取得了永久中立的地位后，土库曼斯坦的外交活动不再像争取中立地位时那样积极；另外，土政权由于害怕被西方颠覆，又实行自我封闭政策，这更加加深了土库曼斯坦被孤立的程度（在某种程度上有点类似于朝鲜）。总之，以上种种因素都使得土库曼斯坦逐渐与国际社会相"隔绝"，处于事实上的孤立状态。

（三）别尔德穆哈梅多夫执政后土库曼斯坦中立政策的变化

20世纪90年代初期，土库曼斯坦始终与俄罗斯保持着一定的距离，由此还选择了中立政策；而在1996年后，土俄互相都在寻求接近，原先用来使土库曼斯坦不依赖各大国的积极中立政策，此时却给土库曼斯坦提供了与俄罗斯接近的基础②，该政策在1996年后所传递的信息也与1992～1995年的政策完全相反。这充分说明，土中立政策所规定的内容并不是一成不变的，而是"随着人们需要的变化而变化"。也就是说，并不是"中立政策指导土库曼斯坦的外交"，而是"土库曼斯坦的外交牵引并改变着中立政策"。

在别尔德穆哈梅多夫当选总统后，土库曼斯坦的外交发生了某种变化，土更加注重能源外交和经济利益，不再像尼亚佐夫那样把意识形态当作外交指南。土库曼斯坦开始在国际上积极行动，与各大国频繁交往，大力推销其丰富的天然气资源。例如，现在的土库曼斯坦与中国等国在能源上开展大规模合作，还与中、俄等国建立了战略伙伴关系，这与其他中亚国家的外交战略基本一致，唯一不同的是，土没有加入上合等地区性组织。总之，别尔德穆哈梅多夫上台后，土的中立越来越倾向于瑞士的中立模式，即越来越正常化、规范化。瑞士是典型的中立国，它没有加入该区域最有影响的地区组织——欧盟；但是，它也不是个封闭的国家，而是积

---

① Luca Anceschi, *Turkmenistan's Foreign Policy: Positive Neutrality and the Consolidation of the Turkmen Regime*, Routledge Press, 2009, p.28.

② Luca Anceschi, *Turkmenistan's Foreign Policy: Positive Neutrality and the Consolidation of the Turkmen Regime*, Routledge Press, 2009, p.151.

极与世界各国开展贸易往来；在政治方面，尽管是中立国，但瑞士在总体上还是站在西方的立场上。土库曼斯坦在别尔德穆哈梅多夫上台后，其中立模式也越发接近瑞士：土新政权仍没有加入上合与欧亚经济共同体，却彻底摈弃了尼亚佐夫时代的封闭做法，开始积极与世界各国进行能源方面的合作；在政治方面，土库曼斯坦则偏向俄罗斯、中国一方。这对土库曼斯坦未来的长远发展是十分有利的。

从领导人个人的角度看，土库曼斯坦采取中立政策更像是尼亚佐夫的个人意志。因为在别尔德穆哈梅多夫当政后，土库曼斯坦一改以前在国际上的封闭形象，积极开展各种多边及双边外交，并参加了以前根本就不参加的上合组织和独联体峰会。可以说，目前土库曼斯坦的外交已与其他中亚国家的外交路线没有什么两样，只是土还固守着尼亚佐夫时代永久中立的"传统"，没有正式参加上合及欧亚经济共同体等地区性组织罢了。可以想象，如果别尔德穆哈梅多夫是土库曼斯坦首任总统，土也许不会选择中立，其外交路线也可能会和其他中亚国家相同。

四 结语

整体而言，中立给土库曼斯坦带来的最大收益是在土独立初期，那时土的邻国阿富汗发生了严重内战，且宗教激进主义随时都有扩散的可能。面对这种情形，尼亚佐夫做出了采取中立政策的决定，这一措施使土库曼斯坦最大限度地保护了自己，没有让宗教激进势力对土造成损害。虽然中立也曾使土库曼斯坦在国际上陷入深深的孤立，但该政策对土库曼斯坦来说还是利大于弊。自从取得永久中立国地位后，土库曼斯坦没有加入除独联体以外的任何地区性组织，有效地抵御了俄罗斯的影响，但仍没有完全摆脱这个昔日老大哥巨大的影响。

从另外一方面来说，实行中立政策也是这个中亚国家提升自己国际影响力的手段。正是因为实行了这一政策，世界才会更多地注意到这个地处中亚沙漠地带的国家，尼亚佐夫的政策给土库曼斯坦这个小国带来了更多的国际关注度。从现在的情况看，土库曼斯坦的"中立"已逐渐走上正轨，它不再是尼亚佐夫时期被用来拒绝与外国合作的工具；相反，如今的土库曼斯坦在保持中立地位的同时，开始以实用的态度参与经济合作，这将给土在国际社会带来更多的合作前景与发展空间，同时这也更有利于土库曼斯坦在未来的整体发展。

浅析土库曼斯坦葡萄产业*

魏启慧　王四海

(中国地质大学 楚天—中国土库曼斯坦研究中心，
湖北 武汉，430074)

【摘　　要】	土库曼斯坦是丝绸之路上的古国，其葡萄种植业具有悠久的历史，土库曼斯坦的气候、地理位置和交通运输等条件都有利于葡萄产业发展。近年来，土库曼斯坦葡萄产业发展态势良好，土库曼斯坦葡萄酒在国际上不断斩获各种奖项。在"金色二十一世纪"，针对国家多元化经济发展需求，土库曼斯坦政府已将葡萄产业列为重要的农业发展方向之一，积极调整品种结构、加大科技投入、打造精品、促进产业升级，以此提高本国葡萄产品在国际市场的竞争力。土库曼斯坦的葡萄产业正在稳步发展，葡萄产品正在逐渐走向世界市场。
【关 键 词】	土库曼斯坦；葡萄；葡萄酒；葡萄产业
【作者简介】	魏启慧，中国地质大学外国语学院研究生，主要研究方向：土库曼斯坦；王四海，楚天—中国土库曼斯坦研究中心研究员负责人，中国地质大学外国语学院教授，主要研究方向：土库曼斯坦。

---

* 本文为国家社会科学基金项目"土库曼斯坦天然气资源潜力与中土天然气合作问题研究"（13BGJ022）的阶段性成果。

土库曼斯坦具有悠久、深厚的"葡萄种植与栽培"文化底蕴，是中亚优质葡萄的重要种植区和优质葡萄酒的主要产区，土库曼斯坦的葡萄同其三大国宝——阿哈尔捷金马（汗血宝马）、阿拉拜（中亚牧羊犬）和地毯一样闻名于世界。

一 土库曼斯坦发展葡萄产业的有利条件

（一）气候条件

土库曼斯坦地处亚洲大陆炎热、干旱中心地带，属于典型的温带大陆性气候，是世界上最干旱的地区之一。土库曼斯坦夏季炎热干燥且漫长，年平均气温为14～16℃，年降水量一般在300mm以下，全年无霜期为230～270天。土库曼斯坦日照时间长，如中卡拉库姆和东南卡拉库姆的年日照时间可达2800～3100个小时。[①] 土库曼斯坦炎热干旱的气候、充足的日照时间等为葡萄种植与栽培提供了有利的条件。

（二）地域优势

土库曼斯坦位于图兰平原南部，南与科佩特山接壤，西濒里海，北以阿姆河为界（阿姆河大部分在土库曼斯坦境内），境内流有穆尔加布河、捷詹河等，80%的国土面积被卡拉库姆沙漠覆盖。土库曼斯坦境内可以划分出阿姆河中游绿洲、阿姆河下游绿洲、穆尔加布河绿洲、捷詹河绿洲、科佩特山前绿洲和阿特拉克—松巴尔河绿洲等地貌单元。这些沙漠绿洲因其适宜种植葡萄的自然气候条件而成了著名的葡萄种植与栽培基地。原苏联植物栽培科学研究所曾将土库曼斯坦的卡拉卡拉地区作为重要的葡萄种植与栽培基地，其各种性能与技术指标均优于原苏联的高加索葡萄种植基地。

---

① 王四海、靳凤兰、韩文阁等：《金色的土库曼斯坦》，中国地质大学出版社，2011。

(三) 土壤条件

土库曼斯坦的葡萄种植业主要集中在绿洲区。土库曼斯坦绿洲主要由冲积平原构成，土壤以草甸土、龟裂土、草甸土与龟裂土混合土和盐碱土为主。经过多次平整、翻耕、冲洗淋盐、浇水、施肥，绿洲区土壤的自然性质发生了很大变化，土壤透气性和透水性变得更好，更有利于保持水分，变得更肥沃。其中，科佩特山前绿洲分布的灰钙土是土库曼斯坦最肥沃的土壤，其表层弱腐殖化，土壤有机质含量为 1%~4.5%，[1] 是最适合葡萄生长的。土库曼斯坦绿洲土壤大多为 pH 值 5~7 之间的弱酸、中性或弱碱性土壤，其中富含氮、磷、钾、钙、铁、镁、硫等多种化学元素，它们特别有利于葡萄种植与栽培。例如，氮元素有助于葡萄枝条生长，能增加葡萄产量；磷元素的存在可以缩短葡萄的生长期，让果实更加饱满，提高葡萄酒的质量；钾元素有利于淀粉和糖分的形成，增加葡萄的抗霜冻性；钙元素对葡萄树的根系发展和氨氮的吸收起到促进作用，同时还可以预防失绿症，提高葡萄酒的品质；在铁含量高的土壤上种植出来的葡萄，更适合酿造高品质的葡萄酒。[2]

(四) 交通运输条件

土库曼斯坦地处亚欧大陆南－北交通走廊、东－西交通走廊的交会处，占据着有利的国际运输空间，其交通运输潜力巨大：土库曼斯坦境内铁路长度超过 3000 公里，横贯东西、连接南北，形成网络，2014 年 12 月开通的"哈萨克斯坦—土库曼斯坦—伊朗"南北国际大铁路系亚欧大陆南－北、东－西货物运输走廊的"黄金纽带"，通过该铁路北可接至俄罗斯境内铁路网，南可达波斯湾，可将中国与中亚、中东各国间的货物运输渠道打通；土库曼斯坦公路运输潜力巨大，现有公路总里程近 1.4 万公里。沿土库曼斯坦公路货运可抵达乌兹别克斯坦、阿富汗、哈萨克斯坦、伊

---

[1] Серозёмы, http://www.cyclopedia.ru/53/209/1949015.html.
[2] Негруль А. М. Виноградство и виноделие, Колос, 1968, С. 127–132.

朗，可与欧洲、波斯湾、独联体和东南亚国家连通；土库曼斯坦与亚欧地区 20 多个城市开通有定期客运航班，与迪拜、伊斯坦布尔、布尔诺、中国香港、中国台湾、维也纳、卢森堡等城市开通有定期货运航班，欧洲航空公司已将土库曼斯坦列为重要的国际货运航空中转站，开辟了多条经停土库曼斯坦的国际航空运输线路；土库曼巴希国际港地处"欧洲通往亚洲的货物运输走廊"与"亚洲通往欧洲的货物运输走廊"交会点，是连接欧洲与亚洲的"海上门户"；土库曼斯坦目前正在积极推进"阿富汗—土库曼斯坦—土耳其—阿塞拜疆—格鲁吉亚""乌兹别克斯坦—土库曼斯坦—伊朗—阿曼"新货运走廊建设，以及"土库曼斯坦—阿富汗—塔吉克斯坦"铁路等建设。① 土库曼斯坦具有的优越的交通运输条件与潜能，既方便"引进来"，又有利于"走出去"，有利于土库曼斯坦葡萄和葡萄产品在国际市场中的销售，更有利于其葡萄产业的国际技术合作与交流，对其发展葡萄产业极为有利。

二 土库曼斯坦的葡萄种植业

（一）土库曼斯坦的葡萄产地及种植特点

土库曼斯坦的葡萄产区主要集中在阿姆河流域、捷詹河流域和穆尔加布河流域等地的绿洲区，主要位于阿哈尔州、马雷州、列巴普州。

阿哈尔州为土库曼斯坦葡萄第一生产基地，其葡萄产量占全国葡萄产量的 80% 以上。

马雷州因独特的历史文化与优越的土壤、气候条件，成了土库曼斯坦名贵葡萄的重要产地。马雷州的拜拉玛利地区（位于穆尔加布河绿洲），其沙质土地肥沃，气候干旱炎热，光照充足，曾是俄国沙皇（尼古拉二世）宫廷重要的小麦、蔬菜、瓜果供应基地。拜拉玛利生产的葡萄因有较高的医用价值，不仅受到宫廷贵族的喜爱，也深得本地人的喜欢。

---

① 王四海：《中立土库曼斯坦：20 年的进步与辉煌》，社会科学文献出版社，2016。

土库曼斯坦葡萄树间隔较大，通常会搭建葡萄架，大部分的葡萄园都使用专门的灌溉系统；主要种植一些生命力强的鲜食葡萄品种，如尼姆兰格（Нимранг）、苏丹娜①（Кишмиш）、胡塞涅（Хусайне）、粉太妃（Тайфи розовый）、捷尔巴什（Тербаш）等，重点栽培大颗粒葡萄。②

在土库曼斯坦，除了在葡萄园大面积种植葡萄外，依据土库曼斯坦独特的民族文化，在城镇和农村大多数居民的庭院里都会搭建葡萄架，种植专供个人家庭食用的葡萄。土库曼斯坦个人家庭种植的葡萄也具一定规模，在当代经济条件下土库曼斯坦家庭种植的葡萄也开始走向市场。

目前，在土库曼斯坦种植的各种葡萄不过多使用农药，生长在完全无污染的环境中，这些品种的果实具有鲜明独特的味道，因此土库曼斯坦生产的葡萄既可做水果生食，也可酿酒或制作葡萄干。③

（二）土库曼斯坦的葡萄品种

在古代，土库曼斯坦本土培育出的休伊特乌兹尤姆（Сюйт-узюм）、汉乌兹尤姆（Хан-узюм）、达什佩涅里（Даш-пейнери）、蒙特（Монты）、古尔戈伊（Гургои）、库的穆尔特加（Кушюмуртга）等葡萄品种是人类历史上最古老的葡萄品种，其含糖量高，口感极佳。④

在当代，土库曼斯坦不但注重传承本民族培育出的葡萄品种，同时也特别注重引进一些优势品种，使得当代土库曼斯坦的葡萄品种越来越多样化。目前，在土库曼斯坦境内种植与栽培的葡萄品种已经超过140个，⑤其中不仅有土库曼斯坦本土园艺师和农作物研究人员培育出的新葡萄品

---

① 另有译称为"基什米什"。
② Страны с наиболее развитым виноградарством, http://vinograd.info/info/vinogradarstvo-bolgariya/dannye-o-mirovom-vinogradarstve-2.html.
③ Долгова Е. Виноград на внутренний и внешний рынки, http://turkmenistan.gov.tm/?id=8621, 16.04.2015.
④ 100 фактов о Туркменистане. Часть вторая, http://chapleeng.livejournal.com/9043.html, 04.02.2012.
⑤ Туркменистане выращивается более 140 сортов винограда, http://meta.kz//535997-v-turk-menistane-vyraschivaetsya-bolee-140-sortov-vinograda.html.

种，也有一些从其他国家引进的优良品种。在土库曼斯坦最主要的葡萄品种有：

捷尔巴什：一个古老的土库曼葡萄品种，中熟，两性花，果穗呈圆锥形或松散形，果粒中等偏大，成熟时为白绿色或琥珀黄色，皮厚，果肉丰满多汁，具有较高的可移植性和抗霜冻性，含糖量高，单产每公顷可达 16~20 吨，适用于鲜食、制葡萄干以及酿造佐餐酒和甜点酒。①

卡拉乌兹尤姆（Кара узюм）：晚熟品种，耐旱，抗寒性弱，果穗呈圆柱形或圆锥形，果粒中等，深紫色，皮薄肉厚，果肉脆，糖分充足，酸度适中，味道好，单产每公顷可达 18~20 吨，方便储运，是土库曼人十分喜爱的葡萄品种。②

捷尔巴什葡萄和卡拉乌兹尤姆葡萄均具有多用价值，可鲜食，也适宜酿酒，不仅在鲜食葡萄市场中占有很大比重，而且以它们为原料酿造的葡萄酒在土库曼斯坦葡萄酒市场中也居主导地位。由于含糖量高的葡萄是酿造高品质葡萄酒不可或缺的原料，所以这两个品种的葡萄最受土库曼斯坦酿酒师们喜爱。

粉太妃：古老的鲜食葡萄品种，于公元 7~8 世纪由阿拉伯人传入中亚，起初在乌兹别克斯坦种植，后传入土库曼斯坦。粉太妃葡萄晚熟，抗冻性弱，果穗较大（长约 27cm，宽约 19cm），呈圆锥形或圆柱形，有较大歧肩；果粒松散但很大（长约 27mm，宽约 17mm），呈椭圆形或圆柱形，深粉且偏紫色，皮厚，肉脆，味道好，甜度为 17.2g/100mL，酸度为 6.5g/1L。③

巴彦希雷（Баян-ширей）：典型的酿酒葡萄品种，晚熟，单产每公顷可达 12~20 吨（最高可达 35 吨）。果穗中等或偏大，呈圆柱形或圆筒形，果粒呈圆形、松散、中等偏大，黄绿色，多汁，其在土库曼斯坦多用于酿

---

① Тербаш，http://vinograd.info/sorta/yniversalnye/terbash.html.
② Виноград Кара узюм ашхабадский，http://semenaopt.com/Виноград/Кара_узюм_ашхабадский/48431/.
③ Тайфи розовый，http://vinograd.info/sorta/stolovye/taifi-rozovyi.html.

制葡萄酒和果汁。①

哈利利（Халили）：源于帕提亚王朝的古老品种，是一种非常娇嫩的早熟品种，果穗长约半米，重量约为16kg，果粒偏小，生长于西科佩特山区，最初为野生品种，但经千年文化的洗礼，其由人工栽培，后培育了30余个变种。哈利利外观漂亮，既可作为育种栽培的种苗，也可作为非常重要的酿酒原料。②

除此之外，土库曼斯坦还流行一些比较普遍的品种，如解百纳（Каберне）、马特拉萨（Матраса）、土库曼红苏丹娜（Кишмиш красный туркменский）、塔夫克维利（Тавквери）、勒卡齐捷利（Ркацители）、白太妃（Тайфи белый）、黑暗利利（Халили черный）、白哈利利（Халили белый）、黑苏丹娜（Кишмиш черный）、萨别拉维（Саперави）、克孜尔萨帕克（Кизыл сапак）、李斯陵（Хислинг）等。经过多年的培植实践，这些品种在土库曼斯坦炎热干燥的气候条件下，获得了高产、耐旱、早熟、抗病虫害等优良特性。

另外，在土库曼斯坦葡萄品种培育的历史上，有一个事实不得不提：历史上在苏联时期，在现今颇具异域风情的卡拉卡拉③这个热带小镇，原苏联植物栽培科学研究所（现名为瓦维洛夫全俄植物栽培科学研究所）曾经在这里种植与栽培了近500种葡萄，其中的多数品种易于成果、浆果质量上乘，比如阿里撒旦（Али-шайтан）、卡拉吉吉里（Кара-джиджили）、马米东（Мамидон）、佩尔特佩尔特（Пырт-пырты）、伊奇奇奇克（Ичи-чичик）、托沙普雷（Тошаплы）、叶克多涅（Екдоне）等含糖量非常高，甜度比乌兹别克斯坦产的葡萄高出40％，比高加索产的葡萄高出60％。在苏联时期，苏联酿酒师用土库曼卡拉卡拉地区产的葡萄造出的原创型葡萄酒，在欧亚展览会上多次获得好评与奖项。

---

① Баян-ширей，http：//vinograd.info/sorta/vinnye/bayan-shirei.html.
② Туркмения возрождает древнепарфянский сорт нежнейшего винограда "Халили"，http：//www.Centrasia.ru/newsA.php?st = 1096066320，25.09.2004.
③ 卡拉卡拉（Кара-Кала），土库曼斯坦巴尔坎州马赫图姆库里区行政中心，为土库曼斯坦著名诗人马赫图姆库里的故乡。

（三）土库曼斯坦葡萄种植与应用概况

土库曼斯坦独立前后，其葡萄种植业得到了长足发展。独立前，种植面积涨幅较大，1958 年，全土库曼斯坦境内葡萄种植面积仅有 5129 公顷，到 1990 年就达到 2.67 万公顷。独立以后，葡萄种植面积趋于平稳，产量逐年攀升，每公顷的单产涨幅惊人：1990 年单产为每公顷 6.34 吨；2004 年单产为每公顷 11.96 吨，首次超过 10 吨；2007 年，单产为每公顷 15.17 吨。土库曼斯坦自 1990 年至 2007 年，短短十八年间，葡萄单产增加了近 1.5 倍，总产量翻了一番，达到 33.7 万吨。[1] 2007 年，土库曼斯坦葡萄种植面积约为 2.2 万公顷。2008 年，葡萄总产量为 22.2 万吨。[2]

近年来土库曼斯坦的葡萄园面积在不断扩大，一些新的种植园正在建设当中，尤其是土库曼斯坦国家食品工业协会下属的诸多企业正在打造新的葡萄种植园。

每年 8 月至 9 月是土库曼斯坦葡萄丰收的季节，收获的葡萄中 70% 用于酿造葡萄酒，23% 用于鲜食，剩下的 7% 则用于制成无籽葡萄干。[3] 在收获的葡萄品种中，捷尔巴什葡萄和卡拉乌兹尤姆葡萄占有很大比重。

三 土库曼斯坦的葡萄酒酿造业

（一）土库曼斯坦葡萄酒酿造的历史和现状

土库曼斯坦葡萄酿酒业历史悠久，葡萄种植技术和葡萄酒酿造工艺可

---

[1] Garaşsyz, baky bitarar Türkmenistanyň oba hojalygy（1990 - 2006 yyllar）, Türkmenmillihasabat, Aşgabat: 2007, C. 3 - 4, 16 - 17; Сельское хозяйство Туркменистана 2006 - 2007, Государственный комитет по статистике Туркменистана, Ашхабад: 2008, C. 20 - 21.

[2] Туркменистан: Обзор агропродовольственного сектора. Инвестиционый центр ФАО. Рим., 2012, C. x

[3] Начинается массовый сбор урожая туркменского винограда, http://infoabad.com/obschestvo-i-yekonomika/nachinaetsja-masovyi-sbor-urozhaja-turkmenskogo-vinograda.html, 05.08.2016.

以追溯到远古时期，这在尼萨（Ниса）古城①遗址的考古发掘中得到了证实。在尼萨遗址中发现了几千年前酿酒用的葡萄酒窖，在发掘出来的陶罐（即葡萄酒储存容器）碎片上有葡萄酒的出产年份、产地、酿酒厂名称及容量等信息标注。据考古专家称，在尼萨古城遗址中发现的葡萄酒是在不同地方用现今在土库曼斯坦已经家喻户晓的不同品种的葡萄酿造而成的。②

在土库曼斯坦，每年收获的大部分葡萄用于酿酒，一些主要的多用品种适用于酿造甜品酒和烈酒，而红葡萄品种则用于酿造干红葡萄酒。土库曼斯坦独立以来，葡萄酒酿造技术发展很快，这得益于新技术的使用与新配方的发明，目前土库曼斯坦能够用葡萄酿制出多种品牌酒类，如烈酒、甜品酒、红与白佐餐酒、白兰地等。其中，近年来白兰地在土库曼斯坦已经成了葡萄酿酒业的主打产品。

土库曼斯坦生产出的绝大部分葡萄酒类产品，主要由土库曼斯坦国家食品工业协会下属的酿酒厂生产，其中较为出名的葡萄酒厂有：③

首都阿什哈巴德市——阿什哈巴德酒厂（Ашхабадский винный завод）；阿哈尔州——阿巴丹酒厂（Абаданский винный завод），吉奥克泰佩酒厂（Винодельческий завод "Гёкдепе"），阿哈尔酒厂（Завод первичного виноделия "Ахал"）；列巴普州——土库曼纳巴特酒厂（Туркменабатский винзавод），加拉别克维尤尔酒厂（Гарабекевюлский винзавод）；马雷州——桑德卡其酒厂（Сандыкгачинский винзавод），约廖坚酒厂（Елотенский винный завод）。

在土库曼斯坦，这些大型酿酒厂每小时可加工 20～30 吨葡萄，平均每年可加工 5 万吨鲜葡萄，生产出 350 万升葡萄原浆、约 300 万升葡萄酒

---

① 位于今土库曼斯坦首都阿什哈巴德西南 18 公里处，始建于公元前 247 年，为帕提亚帝国的首都。
② Мухаммед Аманов, Самый щедрый бахус-Туркменский коньяк лучше французского? Туркменистан, 2007, № 9–10.
③ Ассоциация Пищевой Промышленности Туркменистана, http://turkmenexport.gov.tm/part_food.php.

（80多个品种）、约150万升白兰地和烈性酒（100多个品种）。① 这些酿酒厂，除了生产酒类以外，还使用葡萄制作葡萄汁、果酱，榨取葡萄籽油。

亚斯曼萨雷克（Ясман-Салык）、捷尔巴什、马沙拉（Марсала）等是土库曼斯坦的著名葡萄酒品牌，总统（Президент）白兰地、土库曼（Туркмен）香脂酒、卡拉乌兹尤姆甜红葡萄酒、土库曼斯坦（Туркменистан）甜酒、科佩特葡萄酒等是土库曼斯坦葡萄酿酒业的王牌，它们作为土库曼斯坦葡萄酒酿造业的"名牌"与"王牌"，多次在国际酒类博览会上获奖，现今它们已成为土库曼斯坦国民的骄傲。

（二）土库曼斯坦葡萄酒酿造业的荣誉

尽管土库曼斯坦作为沙漠国家名气不大，但土库曼斯坦生产出来的葡萄酒产品在国际上的名声越来越大。在当代土库曼斯坦，酿酒师们在继承古老酿酒传统的基础上，采用现代先进的酿酒工艺，酿造出的葡萄酒品质上乘，深受国民与外国葡萄酒爱好者的喜爱。

据统计，截止到目前，土库曼葡萄酒在国际上已获"白金之星"等奖项200余个，其中金奖超过100项，土库曼、科佩特、捷尔巴什和卡拉乌兹尤姆等品牌葡萄酒在各种比赛中荣获16个重要奖项。

早在1955年的南斯拉夫国际葡萄酒展览会上，土库曼斯坦的亚斯曼萨雷克葡萄酒就赢得了金奖，捷尔巴什葡萄酒获得银奖，别兹梅因（Безмеин）葡萄酒获得铜奖。②

2008年，在圣彼得堡国际食品饮料展览会上，展出了140多种来自土库曼斯坦、阿塞拜疆、亚美尼亚、俄罗斯、斯洛文尼亚、乌克兰、白俄罗斯等国的不同品牌烈酒和葡萄酒，土库曼斯坦吉奥尔泰佩酒厂（Гёкдепинский винзавод）生产的甜白葡萄酒和阿什哈巴德酒厂生产的烈性白葡萄酒赢得大奖，另有7个土库曼斯坦生产的品牌葡萄酒获得金奖，在此次博览会上每9

---

① Туркмения Планирует Заготовить Около 60 Тысяч Тонн Винограда, http://alcogu.ru/article/8712, 02.08.2013.

② Вина Туркмении, http://tovarslovar.ru/752vinaTyrkmenii.html.

个获奖的葡萄酒产品中就有一个是土库曼斯坦生产的。①

2009年,在国际葡萄与葡萄酒组织(简称OIV,总部设在法国巴黎)主办的由43个国家参加的雅尔塔"金狮鹫"国际葡萄酒大赛上,土库曼斯坦葡萄酒大放异彩。在众多参赛酒品中,土库曼斯坦的葡萄酒和白兰地凭借其优良品质赢得了特别奖,卡拉乌兹尤姆甜白葡萄酒、别伊克加尔基内什(Бейик Галкыныш)白兰地、亚斯曼(Ясман)白葡萄酒等酒品得到了葡萄酒爱好者的特别关注,捷尔巴什红酒得到很高的评价,卡拉乌兹尤姆葡萄酒被评为2009年度"最佳葡萄酒"。在本届大赛上,土库曼葡萄酒共获得2项其他大奖和7项金奖。②

2010年,土库曼斯坦酿造的葡萄酒在雅尔塔"金狮鹫"国际葡萄酒大赛上又夺得2项其他大奖和8项金奖。

2016年,雅尔塔"金狮鹫"国际葡萄酒大赛中土库曼斯坦葡萄酒再次赢得多个奖项。阿什哈巴德酒厂生产的总统(Президент)白兰地与吉奥克泰佩酒厂酿造的亚斯曼萨雷克白葡萄甜点酒获得大奖,阿巴丹酒厂的科佩特葡萄酒、阿什哈巴德酒厂的土库曼香脂酒和加尔坎(Галкан)伏特加、吉奥克泰佩酒厂的卡拉乌兹尤姆葡萄酒与土库曼斯坦甜酒均获得金奖。③

近年来,土库曼斯坦生产的葡萄酒频繁在俄罗斯、法国、德国、匈牙利、土耳其、保加利亚、西班牙的国际展览会上亮相,并且不断获得较高的国际评价,这使土库曼斯坦葡萄酒开始"享誉"世界,快速走向国际市场。

四 土库曼斯坦葡萄产业的发展前景

在2015年土库曼斯坦第一季度内阁会议扩大会议上,总统别尔德穆哈梅多夫强调,土库曼斯坦盛产优质葡萄,必须提高葡萄的出口潜力,利用

---

① 食品商务网:《土库曼斯坦葡萄酒夺冠国际饮料展》,http://www.21food.cn/html/news/35/308232.htm,2008年5月22日。
② Туркменские вина,http://drinkbox.ru/turkmenskie-vina/,15.07.2010.
③ Туркменские вина выиграли? Гран-при? http://arzuw.tm/4488/turkmenskie-vina-vyigrali-gran-pri.html,13.07.2016.

现有的有利条件，将葡萄及其他各式各样的葡萄产品送出国门，推向国际市场。由此可见，土库曼斯坦政府对发展葡萄产业高度重视。结合土库曼斯坦葡萄产业的发展历史与现状，可以发现其具有较高的经济价值、医疗价值与文化价值，这使得未来土库曼斯坦葡萄产业将在经济、医疗、文化等方面具有广阔的开发前景。

（一）土库曼斯坦葡萄产业将成为新兴的经济产业

近年来，全球油气价格下跌，给过度依赖油气出口的土库曼斯坦经济带来了前所未有的困难，尽管土库曼斯坦政府多年前就已开始进行多元化经济发展布局，但一时间土库曼斯坦很难找出新的有力的经济增长点，以快速摆脱目前的经济困境。虽然土库曼斯坦早已将发展农业经济列为多元经济发展重点战略方向之一，并于2010年起在粮食方面完全实现了自给自足，还向外出口谷物（小麦），但农业对国民经济产值贡献还很有限，仅占其总产值的10%。在发掘农业潜力上，因土库曼斯坦的国土绝大部分为沙漠，农业用地较少（3900万公顷），灌溉耕地面积更少（150万公顷），谷物种植已近饱和，其发展潜力不大。葡萄因种植灵活、栽培耗地面积相较谷物要小且附加值高，同时又因土库曼斯坦的气候非常利于高品质葡萄品种生长，而且近年来土库曼斯坦的葡萄及葡萄产品因其高品质在国际市场开始走俏，所以葡萄产业在土库曼斯坦应被列为重点农业产业，应该成为土库曼斯坦新的经济增长点。土库曼斯坦应该将过剩的农业劳动力资源转移到葡萄产业，扩大葡萄种植面积，增加对葡萄产业的投入，扩大葡萄产品出口数量。

（二）土库曼斯坦葡萄产业在医用方面发展前景广阔

在土库曼斯坦，自古就有将葡萄作为药用植物的习惯。土库曼人的先祖遗留了很多古老药方，其中描述了多种野生葡萄的药理作用。

在土库曼斯坦民间，葡萄被用于治疗早期高血压、贫血、哮喘、肺结核、动脉粥样硬化、痛风、慢性肾炎、肾结石、心脏衰竭、肝病等多种疾病，防治胃肠道疾病。此外，因葡萄中含有的酸对胃液起积极作用，土库曼人还将葡萄用于中和毒素、改善消化、增加食欲方面的治疗。

最新研究表明，葡萄能够帮助人体排泄放射性金属，预防或减弱其对人体的不利影响；葡萄籽中含有丰富的可以减缓中老年人大脑退化的物质，食用葡萄籽有助于治疗中枢神经系统退化方面的疾病，如阿尔茨海默氏病；葡萄酒富含糖、氨基酸、维生素和矿物质，这些营养素可以直接被人体吸收，适量饮用可以提高中老年人的免疫力；葡萄酒的 SOD 能中和身体中的自由基，保护细胞和器官免受氧化，所以经常饮用适量葡萄酒能达到防衰老、美容养颜的效果；葡萄酒含有白藜芦醇，它具有抗氧化性和抗自由基性，并且有降低胆固醇和防治脑血栓的作用；葡萄酒还具备防治贫血、软化血管和促进消化吸收等功效。[①]

葡萄与葡萄制品的这些医用价值，早已被土库曼人注意到，医学博士出身的土库曼斯坦总统别尔德穆哈梅多夫在他的《土库曼斯坦药用植物》（第3卷）著作中对土库曼斯坦葡萄的药用价值做了详细描写。

未来，随着土库曼斯坦民族传统草药制造业的大力发展，在传统的古老药方基础上，适当融入现代的技术后，土库曼斯坦的葡萄与葡萄制品的医用潜力会得到有效开发，土库曼斯坦葡萄产业在医用方面的发展前景将更加广阔。

（三）土库曼斯坦葡萄产业在旅游文化方面发展空间较大

土库曼斯坦具有丰富的旅游资源、文化资源、疗养资源。

土库曼斯坦曾是古丝绸之路上的重要国度，其对东、西方文化与贸易的对接做出了重要贡献，丝绸之路在土库曼斯坦境内留下一处处璀璨的文化遗迹，同时也让土库曼斯坦成了世界公认的"考古天堂"与文化旅游胜地。

今日的土库曼斯坦大自然是多姿多彩的，那里有大漠，有绿洲，有奔腾的长河，在沙漠的周边有雄伟的山川、风情万种的泥火山群和延绵的海

[①] 徐青梅：《葡萄酒的营养功效》，《养猪》2013年第2期。

岸沙滩。土库曼斯坦的大漠中滚烫的热砂、科佩特山中矿泉上空的空气、里海富含各种藻类的海水、西土库曼斯坦泥火山的火山泥等都是纯天然的疗养资源。

土库曼斯坦独立以后，政府借助各种资源，极力打造境内的5片绿洲、8大自然保护区，在5大行政州的不同地貌单元上修建了10余处现代化疗养院，兴建了国际铁路、公路、基础等众多交通运输基础设施与一大批现代化文化设施，为发展土库曼斯坦文化旅游业奠定了坚实的基础，使得土库曼斯坦成了中亚（乃至世界）的文化旅游、疗养中心。目前，中亚国家最漂亮的首都、世界白色大理石建筑第一都——阿什哈巴德市及土库曼斯坦"阿瓦扎"国家旅游风景区已引起无数国际旅游爱好者的关注。

在当代世界旅游领域，种植园、酒庄、供游客消费的葡萄酒均已成为各国发展文化旅游的重要依托资源。在土库曼斯坦，葡萄文化作为继阿哈尔捷金马、阿拉拜、地毯之后的又一个新的国家文化符号，其在土库曼斯坦文化旅游产业发展中必将起到重要作用，同时文化旅游产业的发展也必将促进葡萄产业向前发展。未来，对到土库曼斯坦旅游的游客而言，参观葡萄园、亲手采摘葡萄（享受收获的愉悦感）、参观葡萄文化古迹与酿酒馆（厂）、学习葡萄酒知识、品尝美食与葡萄酒、亲自动手尝试酿制葡萄酒、参加葡萄酒节庆活动、观看葡萄酒表演秀、购买葡萄制品等都将是一种不错的选择。

五 结语

中国"丝绸之路经济带"构想与土库曼斯坦复兴古丝绸之路战略相契合，当下土库曼斯坦正借中国"一带一路"深入推进之机，将自己的民族复兴计划同中国的"一带一路"倡议对接，希望借助中国经济发展动力使本国摆脱经济困局。同时中土两国又建立了牢固的战略合作伙伴关系，这些都为中国企业进军土库曼斯坦市场提供了机遇。土库曼斯坦的葡萄产业作为很有发展前景的产业，为想进入土库曼斯坦的中国企业以及在土的中国企业提供了不错的投资方向。

土库曼斯坦投资法律环境分析

李 力 张少祥

[中石油阿姆河天然空勘探开发(北京)有限公司,北京,102299]

【摘　　要】	近年来,土库曼斯坦政府采取灵活投资政策,将大量吸引外资作为国家经济增长的保障。《土库曼斯坦外国投资法》和《土库曼斯坦油气资源法》等法律的颁布实施,为吸引外资创造了有利条件。总体来看,到土库曼斯坦投资,机遇与风险并存,但机遇大于风险。在两国友好合作的大背景下,中国投资者若能熟悉土库曼斯坦投资法律环境,严格遵守法律法规,有效规避影响投资的不利条件,认真践行"合作共赢,共同发展"的理念,定能有效规避投资法律风险并取得成功。
【关 键 词】	土库曼斯坦;外国投资;外资准入;法律环境;国际条约
【作者简介】	李力,中石油阿姆河天然气勘探开发(北京)有限公司翻译、经济师,主要研究方向:土库曼斯坦、哈萨克斯坦;张少祥,中石油阿姆河天然气勘探开发(北京)有限公司对外联络与法律部副经理、高级经济师,主要研究方向:公司法务。

根据联合国贸易和发展会议(UNCTAD)发布的《2012年世界投资报告》,土库曼斯坦成为世界十大吸引外国直接投资国家之一。2012年,外

国直接投资占土库曼斯坦国内生产总值的 15.6%，外国直接投资相比 2011 年增长达 38%。①

2013 年 9 月 3 日，中国和土库曼斯坦两国签署了关于建立战略伙伴关系的联合宣言，将两国关系提升到战略伙伴关系水平。② 2014 年 5 月 12 日，两国元首共同签署了《中华人民共和国和土库曼斯坦友好合作条约》《中华人民共和国和土库曼斯坦关于发展和深化战略伙伴关系的联合宣言》《关于通过〈中华人民共和国和土库曼斯坦战略伙伴关系发展规划（2014 年至 2018 年）〉的声明》，③ 为两国合作提供了新的机遇。土库曼斯坦总统别尔德穆哈梅多夫多次在土库曼斯坦内阁会议中指出，中国是土库曼斯坦最重要的战略伙伴，中土两国在经贸和投资领域有着广阔的前景和机遇，应进一步扩大与中国在各领域的合作。

本文以《土库曼斯坦外国投资法》④ 和《土库曼斯坦油气资源法》⑤ 为中心，结合土库曼斯坦缔结的相关国际条约，分别从外资准入、外国投资法律待遇和法律保障等方面，对土库曼斯坦投资法律环境做一介绍和分析，希望为中国投资者的投资决策起到一定积极作用。

一 土库曼斯坦外资准入

在外资立法上，通常把外国投资活动划分为两个阶段，即外资准入阶段和外资经营阶段。⑥ 其中，外资准入制度是外国投资制度的首要环节。

---

① ООН: Туркмения-в первой десятке самых инвестируемых стран мира, http://www.news-asia.ru/view/4273.
② 新华网：《中华人民共和国和土库曼斯坦关于建立战略伙伴关系的联合宣言》，http://news.xinhuanet.com/world/2013-09/04/c_117214884.htm，2013 年 9 月 4 日。
③ 人民网：《习近平同土库曼斯坦总统会谈》，http://paper.people.com.cn/rmrbhwb/html/2014-05/13/content_1426921.htm，2014 年 5 月 13 日。
④ Закон Туркменистана об иностранных инвестициях, http://www.turkmenbusiness.org/content/zakon-turkmenistana-ob-inostrannykh-investitsiyakh.
⑤ Закон Туркменистана об углеводородных ресурсах, http://www.parahat.info/law/2008-08-21-zakon-turkmenistana-ob-uglevodorodnyh-resursah.
⑥ 徐崇利：《外资准入的晚近发展趋势与我国的立法实践》，《中国法学》1996 年第 5 期。

(一) 外国投资的形式

根据《土库曼斯坦外国投资法》,外国投资的形式包括:与土库曼斯坦法人和自然人共同参股设立企业;设立完全属于外国投资者的企业、外国法人分支机构或并购现有企业;购买动产和不动产;提供贷款;购买财产和非财产权。

外国投资者在土库曼斯坦境内可以设立商业公司(economic society)、股份公司(joint stock company)、个人独资企业(individual enterprise)、分公司(representative office of a foreign legal entity)、代表处(branch office of a foreign legal entity)。截至目前,设立分公司仍是外国投资者在土库曼斯坦境内从事经营活动的最常见组织形式。

土库曼斯坦企业法和股份公司法对于有外资参与的并购和收购程序等未做明确规定,收购和并购土库曼斯坦国有企业须经土库曼斯坦内阁批准。

(二) 外国投资的限制

《土库曼斯坦外国投资法》并未明确规定禁止投资的行业领域,仅规定"为维护宪法原则、保障土库曼斯坦国防能力和国家安全,土库曼斯坦法律可对外国投资者的经营范围和经营地予以限制或禁止"。

对油气勘探开发领域投资,土库曼斯坦采取许可准入制度,许可证类型包括勘探许可证、开发许可证、勘探开发一体许可证。

《土库曼斯坦土地法典》[①] 规定,外国企业只能以租赁方式取得土地使用权,最长租赁期为 40 年,且只能用于工程建设和其他非农业建设项目、临时工程设施建设。

《土库曼斯坦信贷机构和银行业法》[②] 规定,准予设立外资参股的信贷

[①] Кодекс Туркменистана 《о земле》, http://www.parahat.info/law/kodeks-turkmenistana-o-zemle.

[②] Закон Туркменистана о кредитных учреждениях и банковской деятельности, http://www.parahat.info/law/2011 - 04 - 04-zakon-turkmenistana-o-kreditnyh-uchrejdeniyah-i-bankovskoy-deyatelnosti.

机构以及外国银行分行，但是，须由土库曼斯坦中央银行基于配额来决定。

根据《土库曼斯坦经营许可法》①，44类行业实行许可证制度，包括：医学；制药；医疗器械；消毒、灭虫；兽医；畜牧育种、生产和销售卡拉库尔羊羔皮；植物育种；渔业；自然资源使用和环境保护；油品和燃料销售；酒精、酒类、烟草、汽车进口及销售；食品、饲料的生产及销售；餐饮业和熟食供应；标准化和测量；工业安全、设计和建造危险设施、危险品运输；消防；航空；海运、河运；公路运输；电力；通信；化学品进口、生产和销售；测绘；建筑材料、制品和构件的生产；建筑业；教育和职业培训；出版业；印刷业；旅游业；体育健身和体育运动服务行业；博彩业；审计业；保险；证券市场专业服务；财产评估业；中介服务；银行业；贵金属和宝石相关行业；通关服务；提供法律援助；麻醉品、精神药物的流通；涉外劳务；文化和艺术；展览、传播音像制品。

二 外国投资的法律待遇及法律保障

外资准入是外资经营的基础和先决条件，而外资经营是实施投资的目的。在外资经营阶段，投资目的国赋予外国投资者何种水平的法律待遇和法律保障，对于能否给予外国投资者公平、公正和非歧视待遇等起着非常关键的作用，也直接关系到可否实现盈利的问题。

土库曼斯坦通过颁布实施《土库曼斯坦外国投资法》和《土库曼斯坦油气资源法》等相关法律，以立法形式对外国投资者的法律待遇及法律保障加以明确，对吸引外国投资以及外国投资者实现其投资利益起到了积极的作用。

（一）外国投资的法律待遇

根据《土库曼斯坦外国投资法》和《土库曼斯坦油气资源法》，外国

---

① Закон Туркменистана о лицензировании отдельных видов деятельности，http://www.parahat.info/law/2008 - 07 - 08-zakon-turkmenistana-o-licenzirovanii-otdelnyh-vidov-deyatelnosti.

投资者和外商投资企业享有的法律待遇主要包括：

国民待遇：外国投资者和外商投资企业在其经营活动及支配利润等各方面所享受的法律待遇不低于土库曼斯坦本国投资者。

最惠国待遇：对于在自由经济区实施投资的外国投资者和外商投资企业，给予最惠国待遇。

法律稳定：如果法律变更后所做出的禁止和限制性规定致使外国投资者、外商投资企业法律待遇恶化，那么投资注册当时有效的法律在10年内继续适用。但是，以维护宪法原则、保障国防能力和国家安全为目的对法律做出变更的情形除外。

无须办理许可证：外商投资企业以及外国法人分支机构有权出口自产产品和进口自用产品（包括工程和服务），无须办理许可证。

享受海关优惠：作为出资而运入土库曼斯坦的财产，以及由外国法人划拨给土库曼斯坦境内分公司的固定资产，免缴关税和清关费用。对于依照《土库曼斯坦油气资源法》从事石油作业的合同者，进口用于从事石油作业的材料、设备、货物，以及合同者出口己方油气份额，均免缴关税，也无须在土库曼斯坦国家商品原材料交易所办理注册登记。

税收优惠待遇：土库曼斯坦政府积极运用税收杠杆来吸引外国投资，为参与油气勘探开发的石油作业合同者提供了一系列税收优惠政策（见表1）。

表1　石油作业合同者与一般纳税人税收优惠待遇对比

序号	分类	税费名称	计税（费）基础	计算方法	是否缴纳	
					石油作业合同者	一般纳税人
1	与利润有关税费	利润税	应税利润	应税利润×20%	是	是
		农业发展基金	应税利润	应税利润×3%	否	是
		城镇、居民点发展基金	应税利润	应税利润×1%	否	是
		阿什哈巴德发展基金	应税利润	应税利润×0.5%	否	是

续表

序号	分类	税费名称	计税（费）基础	计算方法	是否缴纳 石油作业合同者	是否缴纳 一般纳税人
2	流转税费	增值税	课税对象价值（包含消费税、不含增值税）	销项税额－进项税额	否	是
		消费税	对于士境内生产的产品：商品售价（含消费税，但不含增值税）；对于进口商品：海关价值（含海关费，但不含消费税）	根据应税消费品清单，比如进口小汽车依据排量300美元/升。	否	是
		海关费	商品海关价值	商品海关价值的0.2%	否	是
		海关税	商品海关价值	依据关税税目征收	否	是
		国家商品原材料交易所注册费	合同价格	合同双方各承担合同价格的0.1%	否	是
3	财产税		固定资产、低值易耗品、材料在建工程等平均价值	第一季度：税基平均价值×0.25%；第二季度：税基平均价值×0.5%－第一季度税金；第三季度：税基平均价值×0.75%－前两季度税金；第四季度：税基平均价值×1%－前三季度税金	否	是
4	与人工成本有关税费	社会保险	当地员工工资总额	当地员工工资总额的20%	代扣代缴	代扣代缴
5	资源税	地下资源使用税		天然气和伴生气：不含增值税的销售价格×22%；原油：不含增值税的销售价格×10%	否	是

续表

序号	分类	税费名称	计税（费）基础	计算方法	是否缴纳	
					石油作业合同者	一般纳税人
6	其他税费	广告税	企业广告支出	阿什哈巴德——广告支出的5%； 其他州首府城市——广告支出的4%； 其他居民点——广告支出的3%	否	是

资料来源：根据《土库曼斯坦税法典》① 资料整理。

（二）外国投资的法律保障

从投资项目注册登记时起，土库曼斯坦为外国投资者、外商投资企业提供法律保障，主要包括：

获取信息保障：有权将首次作为投资运抵土库曼斯坦并已注册完毕的资产、文件或电子载体信息等资料，自由（无须配额、许可证，无须对其采取非关税贸易措施）带出土库曼斯坦。

收入和利润自由支配及汇出：外国投资者、外商投资企业有权在土库曼斯坦境内银行开立本币及外币账户。在依法缴纳税款和各项强制性费用之后，有权自由支配其取得的收入和利润，将其自前期投资中所取得的外币收入、利润及其他合法所得汇至土库曼斯坦境外。

签证和居留制度保障：外国投资方工作人员，以及因投资需要在外商投资企业、外国法人分公司和代表处工作的外国公民及其家眷可以取得期限不少于一年的多次往返签证；除土库曼斯坦法律对办理居留条件和程序有特殊规定的地区外，可在土库曼斯坦境内自由往来。

---

① Налоговый Кодекс Туркменистана，http://www.tax.gov.tm/files/ru/zakony/NKT_04_05_13.htm.

权利和义务转让保障：准予将合同项下的权利和义务转让给第三方。

投资撤回保障：一旦终止投资活动，外国投资者、外国投资企业履行完其对债权人的相关义务后，可以自由撤回投资所取得的现金或实物资产。

征收补偿保障：只有在土库曼斯坦法律规定的情况下，以消除紧急状态，包括自然灾害、事故、流行病、动物疫情及其后果为目的时，方可征收征用外国投资者、外商投资企业的资产。在此情况下，在非歧视性基础上给予征收补偿。

三　土库曼斯坦投资法律环境主要利弊分析

土库曼斯坦颁布实施的《土库曼斯坦外国投资法》和《土库曼斯坦油气资源法》，为外国投资者提供国民待遇、最惠国待遇、税收优惠等一系列法律待遇和法律保障，构成了土库曼斯坦投资法律环境的基础和核心。但是，形成一国投资法律环境的因素和条件多种多样，作为投资者要看到"一枚硬币的两面性"。下面将基于国际法和国内法两个层面对土库曼斯坦投资法律环境的有利条件和不利因素加以分析。

（一）土库曼斯坦加入或缔结的国际条约从国际法层面对外国投资形成一定保护

投资双方在外资待遇、国有化、投资争端解决、投资保护等重大问题上的利害冲突，往往不是投资目的国国内法所能解决的。在这种情况下，投资目的国加入或缔结的国际条约就显得尤为重要。土库曼斯坦先后批准加入了《能源宪章条约》《华盛顿公约》等，已初步形成与国际接轨的投资争议解决机制。此外，中土两国政府签署了《中华人民共和国政府和土库曼斯坦政府对所得避免双重征税和防止偷漏税的协定》[①] 及《中华人民

[①] 国家税务总局网：《关于〈中华人民共和国政府和土库曼斯坦政府对所得避免双重征税和防止偷漏税的协定〉及议定书生效执行的公告》，http://www.chinatax.gov.cn/n810341/n810755/c1140465/content.html，2011年1月30日。

共和国政府和土库曼斯坦政府关于鼓励和相互保护投资协定》①。鉴于土库曼斯坦实行国际条约优先适用的原则，上述多边及双边条约的签署，可为投资者尤其是中国投资者到土库曼斯坦投资给予一定程度上的保护。

（二）土库曼斯坦实行相对宽松的外汇管制政策，可有效保证投资者收益的汇出

投资目的国的外汇政策如何是外国投资者实施投资时的重要考量因素之一，因其关系到投资者赚得满盆金后是"荣归故里"还是必须"为他人作嫁衣裳"的问题。土库曼斯坦实行相对宽松的外汇管制政策，可有效保证投资者收益的汇出，主要体现在以下几个方面。

外国投资者既可以在土库曼斯坦境内银行开立本币账户，也可以开立外币账户。

非居民与非居民之间在土库曼斯坦境内和境外的外汇业务，不受任何限制。

除发生在土库曼斯坦境内的财产转让、提供作业和服务外，居民和非居民之间既可以本币支付，也可以外币支付；对于依照《土库曼斯坦油气资源法》从事石油作业的合同者，不受该限制，可以与土库曼斯坦法人和自然人签订以外币付款的合同。

对外国投资者和外商投资企业不强制结汇。

在依法缴纳税款和各项强制性费用之后，外国投资者和外商投资企业有权自由支配所取得的收入和利润，将其汇出至土库曼斯坦境外。

（三）土库曼斯坦未加入《纽约公约》，国际仲裁裁决难以真正执行

时至今日，土库曼斯坦尚未加入有关承认和执行外国仲裁裁决的国际条约中最重要、内容最广泛的《纽约公约》。在此背景下，即便投资双方

---

① 中华人民共和国商务部网：《中华人民共和国政府和土库曼斯坦政府关于鼓励和相互保护投资协定》，http://www.mofcom.gov.cn/aarticle/zhongyts/ci/200207/20020700032196.html，1992 年 11 月 21 日。

合同约定"合同项下纠纷或者分歧通过协商无法达成一致的,任何一方有权将分歧或纠纷提交国际商会(ICC)仲裁院进行仲裁。仲裁裁决为最终裁决,对参加仲裁的各方具有约束力,并在必要时可由具有相应司法管辖权的法院或其他授权机构予以执行",但是,一旦仲裁庭做出对土库曼斯坦一方不利的裁决,而且裁决履行须借助土库曼斯坦当地法院来实现时,土库曼斯坦法院可能会以不承认外国仲裁裁决为由而拒绝执行,使得裁决结果最终成为一纸空文。

(四)法律尚需完善,自由裁定空间较大,给执法者留下寻租空间

形成一国投资环境的因素和条件多种多样,其中,法律因素占主导地位,因为影响外国投资的各种因素往往都是以法律形式表现出来,并直接对投资者的利益产生影响。土库曼斯坦法律修改频繁,对投资环境的稳定造成不利影响,也不利于投资者中长期决策。以《土库曼斯坦税法典》为例,从2004年11月1日开始施行至今,以法律修正案形式修改达26次。

此外,法律条文多为原则性、指导性的规定,缺少相应实施细则,留给执法者的自由裁定空间大。《土库曼斯坦税法典》第71条即规定,税务机关工作人员工资的50%来自国家预算拨款,另外50%来自税务检查过程中所征缴的罚款和滞纳金收入。这些为随意执法提供了条件,为外国投资者带来一定程度的经营风险。

四 对中国企业投资土库曼斯坦的一些建议

(一)利用好双边投资协定,保护在土库曼斯坦的投资

中国企业到土库曼斯坦投资,除根据投资合同保护自己合法利益外,还可以充分利用《中华人民共和国政府和土库曼斯坦政府关于鼓励和相互保护投资协定》。该协定属于国际条约范畴,相对于土库曼斯坦国内法和企业所签署的某个具体投资协议而言,具有更高的法律效力和更广泛的适用性,可为中国企业到土库曼斯坦投资提供有效的保护,尤其是在投资者

待遇、投资保险、国有化征收及补偿、争议解决等方面。

（二）运用合同稳定性条款，控制法律频繁修订风险

土库曼斯坦法律法规修订频繁，政策多变，连续性和稳定性较差。为此，中国企业在对土库曼斯坦进行投资时，应认真推敲并灵活设立合同中有关稳定条款、调整或重新谈判条款等以作为法律救济手段，从而降低投资风险。例如，可在合同中加入类似的条款："如果在本合同签署时有效的法律发生任何变化，并且该变化将对本合同的经济结果产生不利影响，双方应通过善意协商来修改本合同，以便确保各方利益的平衡，并保证获得本合同签署时根据本合同条款所预期的经济结果。"

（三）善于运用中土两国税收协定，最大限度维护中国税收权益

《中华人民共和国政府和土库曼斯坦政府对所得避免双重征税和防止偷漏税的协定》及议定书已经于2009年12月13日正式签署。为最大限度维护中国税收权益，当中国企业在土库曼斯坦境内投资取得来源于土库曼斯坦的所得，但该所得根据协定可在中国缴纳所得税时，应当从土库曼斯坦税务机关获取准予免缴所得税的证明。若由于某种原因未能及时从土库曼斯坦税务机关获取上述证明已在土库曼斯坦缴纳了所得税的，或者在缴纳所得税之后才得知可享受所得税免税待遇的，在相应的纳税期间终了后三年内还可以向土库曼斯坦税务机关申请返还。

（四）投资前制定好公司税收战略管理，以免影响经营成果

到土库曼斯坦投资，不能只重视资源、市场布局，也要重视对土库曼斯坦税收法律的研究，尤其要关注税法中对利息、境外管理费、预提税、利润（红利）的相关规定，充分研究后做整体税收筹划，再决定投资形式——是股权投资，还是非股权投资、合作经营；是并购投资，还是新设立公司投资；是设立子公司，还是设立分公司；等等。如果组织结构税收筹划不到位，将会影响日后经营成果。

丝路诗人

——马赫图姆库里解读

杨海博　王四海

(中国地质大学 楚天—中国土库曼斯坦研究中心,
湖北 武汉,430074)

【摘　要】土库曼斯坦民族诗人、思想家、哲学家马赫图姆库里,是丝绸之路上的著名诗人,是"人类灵魂的拯救者",其诗歌作品是土库曼斯坦文化的重要组成部分。马赫图姆库里对土库曼斯坦文化和丝路文化影响深远,其哲学思想是土库曼斯坦民族复兴与国家发展的理论基础。本文从其生平、创作特点、哲学思想、影响力等角度出发,对诗人进行适量解读,旨在探究土库曼斯坦民族性格和民族精神形成的历史根源,弘扬土库曼斯坦文化,为中土两国在各领域的交流合作打造坚实可靠的民众基础。

【关 键 词】马赫图姆库里;丝路诗人;土库曼斯坦

【作者简介】杨海博,中国地质大学外国语学院研究生、楚天—中国土库曼斯坦研究中心研究员,主要研究方向:土库曼斯坦;王四海,楚天—中国土库曼斯坦研究中心研究员负责人,中国地质大学外国语学院教授,主要研究方向:土库曼斯坦。

马赫图姆库里是土库曼斯坦近 300 年历史上最杰出、最伟大的民族精神领袖,"马赫图姆库里足以与人类伟大的儿子——孔子、屈原、菲尔多西、莎士比亚、但丁、歌德、陀思妥耶夫斯基齐名"。[①]

一 马赫图姆库里生平简介和作品特点

(一) 马赫图姆库里生平简介

马赫图姆库里(Махтумкули),笔名弗拉吉,1733 年[②]出生于德黑斯坦古城(今西土库曼斯坦南部)艾提热克村,他的父亲阿扎季是伊斯兰教苏菲派虔诚信徒和当地宗教领袖,同时也是土库曼斯坦文学史上的著名古典诗人。马赫图姆库里从小深受父亲的熏陶和影响,在学校读书时就表现出了极高的文学天赋,特别是在诗歌创作方面。

少年时期,马赫图姆库里就读于家乡的宗教学堂,在父亲的亲自指导下,广泛涉猎多种知识,在自家图书馆学习波斯语和阿拉伯语文学著作,熟悉中亚、阿塞拜疆、伊朗文化和文学。

1753 年,已经长成青年的马赫图姆库里来到位于布哈拉汗国阿姆河流域的圣伊德里斯巴宗教学校学习。1754 年,他又到布哈拉市内著名的宗教学校卡格里塔什(Кокельташ)接受了一年良好的宗教学校教育。

1756 年,诗人开始游学生涯,前往中亚多国即今乌兹别克斯坦、哈萨克斯坦、塔吉克斯坦、阿富汗,以及印度等地,广泛接触了丰富多样的民族文化和社会现实。这丰富了诗人的创作主题和思想,为其后期创作奠定了基础。

1757 年,马赫图姆库里重新回到学校学习,就读于中亚文化名城黑拉特的喜尔哈孜学府。

1760 年,父亲阿扎季去世,马赫图姆库里回到了家乡。之后的岁月里,他在家乡开了一间小首饰作坊,同时继续写作,也经常前往现今的阿

---

① 《"进入春天永驻"的智者》,《人民日报》2014 年 7 月 18 日。
② 关于马赫图姆库里的生年,学界尚有争议,一说为 1724 年。

塞拜疆和中东许多地区进行游历，体会普通百姓的苦难遭遇，把所见所闻、所感所悟写进作品。这一阶段诗人的创作数量大幅增加，读者从周边各地慕名而来，争相传阅他的作品。

1783年前后①，马赫图姆库里逝世，时年近五十岁，死后埋葬于今伊朗境内戈勒斯坦省阿克托卡伊村。

（二）马赫图姆库里的创作特点

马赫图姆库里诗歌作品题材广泛，创作形式以叙事题材为主，主题涉及了宗教、民族、国家、家庭、社会、战争、爱情、友谊、教育、自然界等。

马赫图姆库里创作语言通俗易懂。诗人擅长用通俗易懂的语言向人民介绍伊斯兰教学说，歌颂自然与民族之美。马赫图姆库里首次把民间形象化语言写进了文学，在诗歌创作上大量运用民间口语、俗语，使自己的诗歌易于为广大人民所接受。

马赫图姆库里作品的语言描写细腻。诗人在自己的作品中用细腻与生动的艺术语言表达对家国的热爱、对爱情和友谊的忠贞与赞美，用细腻独特的艺术语言整合人类对世界、人性、祖国、爱的哲学认识，发展了世界哲学思想，点亮了艺术思维。

诗人用文学反映现实世界，深刻记录了土库曼斯坦社会生活的各个层面，以犀利的文笔刻画了土库曼人民遭受外族剥削和压迫时民不聊生的悲惨情景。

马赫图姆库里诗歌作品具有极强的思想性。他憎恨反动的僧侣，号召土库曼斯坦各部落相互团结、互相支持、实现民族统一、走独立之路，"他最早意识到：当时四分五裂，各踞一方的土库曼人是一个统一的民族，并将这一思想传播开来"。② 诗人用诗歌歌颂土库曼人民勇敢不屈的精神和百折不挠的性格，如《必须行进》中他写道："朋友们啊，穆斯林兄弟们！我们必须艰难地行进。经受重重苦难的生命，还要受煎熬被蹂躏。世界无

---

① 对此学术界说法不一，尚无准确时间，仍有争议。
② 塔西甫拉提·特依拜等主编《马赫图姆库里诗歌选编》，新疆大学出版社，2014。

边,苦难无尽。无数可贵的生命烧成灰烬。马赫图姆库里不要吝惜你的生命,身着愤怒之盔甲整装待行。"诗人用诗呼唤人们为民族的前程和幸福奋斗,表达自己对美丽富饶的土库曼斯坦、坚强勇敢的土库曼人民的赞美和对美好未来的憧憬,严厉斥责给人民带来痛苦的民族分裂与纷争。诗人用诗歌的形式赞扬土库曼民族善良、正直、热情、向上的美德,给予年轻人忠告与智慧,同时对社会现实的丑陋、黑暗面进行无情的揭露和斥责,诗人的诗歌对于民族后人的思想教育与品格培养非常有价值,如在《交谈多多益善》中诗人写道:"做人需要倾听忠告和规劝,与学者交谈多多益善。风风火火敢作敢为的青年有时需要安静的港湾。"①

二 马赫图姆库里对土库曼斯坦的影响

(一)促进了土库曼语言文字的发展和完善

土库曼语属阿尔泰语系突厥语族,在书面语言产生之前,土库曼文学语言长期靠口头传播;马赫图姆库里作为把土库曼斯坦民间形象化语言写进文学作品的第一人,使用当时人们较易接受的阿拉伯字母写作。最关键的是,他在诗歌中大量运用民间口语、俗语,使之更能被普通大众快速接受;读马赫图姆库里的诗,是当时民众认识和了解土库曼斯坦书面文字和语言规范的主要途径;自马赫图姆库里开始,土库曼斯坦书面语言逐渐确立了以阿拉伯字母、诗歌体语言为形式的文字体系。诗人作品在土境内及邻近地域拥有广泛知名度和很高的传播率,这推进了古土库曼语在普通民众中的普及,为现代土库曼语的最终形成起到规范和促进作用。

(二)奠定了土库曼民族文学基础

土库曼民间文学的主要特点是贴近生活,形式以叙事题材为主。18~19世纪的土库曼诗人,如马赫图姆库里、安达力布、沙边志、塞季、泽利

---

① 米娜瓦尔·艾比布拉:《马赫图姆库里·斐拉格》,中央民族大学出版社,2014。

利等，为本民族文学的基石——诗歌，创造了一个黄金年代。

马赫图姆库里是这一发展阶段最重要的人物，为土库曼古典诗歌、古典文学、宗教文学、书面语言奠定了基础，是土库曼文学无可争议的奠基人。土库曼斯坦开国总统尼亚佐夫说过："各个民族都有自己语言文字的文学艺术，作为陶冶情操的源泉，它是该民族思想意识的一部分，无法想象民族精神可以没有文学艺术。每个民族都有如民间所说的具有天赋才华的儿女，为丰富全人类的精神宝库做出自己的贡献；被誉为'土库曼人喉舌'的马赫图姆库里·弗拉吉，把土库曼人民和土库曼文学提升到了如此的高度。"

诗人为后来本民族文学的发展开辟了道路，拓展了方向，使现代土库曼文学以其鲜明特征——现实性强、情节冲突尖锐、构思深远、人物性格完整、行文结构匀称等为读者所喜爱，并逐渐成熟，成为世界文坛的一朵艳丽之花。

（三）书写了土库曼民族历史

历史上，由于某些原因，关于土库曼民族某些历史时期的史料并不多见，且不翔实，但由于有马赫图姆库里的作品，人们在其中可以找到很多涉及土库曼某些历史时期的有关世俗、宗教、重大事件的内容，马赫图姆库里用诗体语言记录了他所生活时代的历史变迁和民族文化生活，高度概括和反映了18世纪中期土库曼斯坦的社会现实。更重要的是，凭借其作品的传播价值，土库曼民族一些重要史实和文化信息可以流传后世。在某种意义上，马赫图姆库里的作品可以被视为土库曼民族重要历史事件的史料，其具有"史记""编年史"的功能，具有史学价值。

（四）助推了土库曼民族艺术的发展

民族艺术是一方土地上人们的精神寄托和象征，而土库曼斯坦最重要的民族艺术——巴赫希[①]，正是伴随着民间文学故事和马赫图姆库里诗歌

[①] 18~19世纪形成规模的土库曼民间音乐演奏和演唱艺术。

的广泛传播而诞生的。马赫图姆库里诗歌作品主题包含社会民族生活各个方面，且语言抒情流畅、朗朗上口，内容贴近生活，为巴赫希艺术提供了语料来源和语言素材，赋予了巴赫希艺术代代相传的生命力，助推了巴赫希艺术的完善、发展与流传。

（五）为土库曼民族树立了道德准则

马赫图姆库里对土库曼民族的影响是全方位且深远的，他唤醒了土库曼民族自主觉醒的意识，铸就了土库曼民族的品格，他的诗歌作品是土库曼文化中最优秀的部分，他更是土库曼人中最早确立社会法律准则和道德准则的人。诗人作品中的劝谕、告诫等内容，对规范土库曼人的良好行为起到一定作用。①

（六）铸造了土库曼民族的灵魂

土库曼民族是信仰伊斯兰教的民族，奉《古兰经》为绝对经典，作为虔诚信徒的儿子，马赫图姆库里从小就对本民族宗教文化故事耳熟能详，诗人的很多诗歌主题都取材于《古兰经》《摩西五经》②的经典故事，诗歌中蕴含的智慧和教义充实了土库曼人的精神世界，逐渐成为土库曼人心中《古兰经》之外的重要精神力量，"他是人民的喉舌，或者说，就是人民的灵魂"。③

（七）为土库曼民族提供了精神支柱

"在世界版图上，独立和中立的土库曼斯坦作为一个安宁和团结的国家屹立于世人面前。在坚信我们团结的伟大力量之时，人们满怀对马赫图

---

① 王四海、靳凤兰、韩文阁等：《金色的土库曼斯坦》，中国地质大学出版社，2011，第164页。
② 希伯来圣经最初的五部经典，以希伯来语写成的律法书，是犹太教经典中最重要的部分。
③ Говхер Гельдыева. Чаша Джамшид, http://medeniyet.gov.tm/index.php/ru/2013－06－08－16－44－21/2013－06－02－17－52－21/344－2014－01－18－21－42－32.

姆库里的无限感激……这位诗哲的那些已化作全人类精神财富的思想和观点，已被生活证明了的诸多方面的各种主张，为当今我们这个成熟的社会提供了一个重要的精神平台。"

（八）土库曼人一生都离不开马赫图姆库里

"我们土库曼人降生到这个世界，迎接我们的摇篮曲是马赫图姆库里的诗，离开这个世界时，又是马赫图姆库里的诗为我们送行""马赫图姆库里的诗集，在土库曼人心目中的地位仅次于《古兰经》"。一个土库曼人从降临到人世那一刻开始，一直到离开人世，其终生都离不开马赫图姆库里。

（九）为民族复兴与国家治理提供了思想理论基础

马赫图姆库里在自己的作品中发出的呼唤、主张，如："建立民族统一的国家，团结人民在一起""只有建立完整的土库曼民族和牢不可破的土库曼人的强大国家，命运才会向土库曼人微笑，任何邪恶势力在土库曼民族与国家面前才将无立足之机""要听从一个领袖，要汇聚在一位领袖周围""不论是气话还是恶语都不需要，我的人民不应接受敌意"等，曾在土库曼民族发展的历史关头起到重要作用。

1993年5月19日，土库曼斯坦开国总统尼亚佐夫在马赫图姆库里诞辰260周年纪念日发表讲话时强调："我在土库曼斯坦人民议会上宣布了'10年顺遂'政策，马赫图姆库里美妙的诗篇中歌颂的理想和愿望构成了这一政策的基础。这个政策应该给土库曼人民带来幸福和安宁。这是'10年顺遂'政策和民族复兴运动的基础。"尼亚佐夫还曾说过："马赫图姆库里号召人民自尊、相互协作、团结一致走独立道路的思想，是独立的土库曼斯坦基本政策方针的思想基础之一，是十年稳定纲领和民族复兴的基础。"

土库曼斯坦现任总统别尔德穆哈梅多夫在《马赫图姆库里——人类灵魂的拯救者》一文的结尾写道："诗人为自己人民设计的幸福蓝图今天已

经变成了现实。今天独立、中立的土库曼斯坦作为一个和平与统一的国家展现在世界的版图上。坚信统一就可以创造伟大与神奇的土库曼斯坦人民将永远感激马赫图姆库里！伟大诗人的光辉思想、英明教导对土库曼斯坦的繁荣强大是无比重要的。在土库曼斯坦新的幸福、强大的历史时代，马赫图姆库里的荣耀将达到前所未有的高度，诗人富有远见的思想与哲学世界观将变成全人类的精神财富，成为土库曼斯坦当代社会的精神基础。"①

三 马赫图姆库里属于全世界

"每个民族都有自己的普希金，土库曼人的普希金，就是马赫图姆库里，这是毫无疑问的"，土库曼的"普希金"跟俄罗斯的普希金一样，他们都属于全人类。

马赫图姆库里伟大经典的艺术创造遗产，从19世纪初开始一直为世界所关注：1842年，马赫图姆库里的三首诗歌（含诗人简历）首次被波兰学者X.亚历山大在伦敦发表；1911年，在乌兹别克斯坦塔什干出版了《马赫图姆库里和32颗种子的故事》；1912年，在俄罗斯阿斯特拉罕土库曼族教育家阿卜杜勒-拉赫曼·尼亚兹出版《马赫图姆库里诗歌剪辑》；1923年，阿塞拜疆学者发表马赫图姆库里诗评论文；1928年，土耳其历史学家发表马赫图姆库里诗评论文；1975年，在联合国教科文组织主持下，在法国巴黎用法语出版了《关于土库曼的诗歌》，40首马赫图姆库里诗歌被收录其中；20世纪，在伊朗马赫图姆库里诗歌被用伊朗语出版过4次。但是，马赫图姆库里艺术创造遗产，作为土库曼斯坦文化对外最具渗透力的部分，真正走向世界，开始"属于全世界"，只是发生在土库曼斯坦独立以后。近年来，随着世界多国研究者对诗人创造与价值的研究不断深入，马赫图姆库里的文学创作艺术、作品的现实意义、人文主义哲学思想等逐渐为世界所认识与接受，马赫图姆库里才真正从土库曼斯坦走出去、走向世界。如今，在土库曼斯坦境外，可以看见诗人的纪念碑，可以听到以诗

---

① 王四海：《中立土库曼斯坦：20年的进步与辉煌》，社会科学文献出版社，2016。

人名字命名的街道、剧院、学校、机关，可以看见印有诗人头像的邮票与钱币，可以听见歌颂诗人的歌声，可以观看到以诗人为主题的影视剧，等等。①

2014年是诗人诞辰290周年，在印度、罗马尼亚、阿塞拜疆、乌兹别克斯坦、白俄罗斯、亚美尼亚、土耳其、伊朗、法国、瑞士、奥地利、俄罗斯、美国、韩国、中国等地都举办了以纪念诗人为主题的"土库曼斯坦文化日""纪念马赫图姆库里圆桌会议"，以"马赫图姆库里"为主题的国际学术会议等活动，世界突厥文化国际组织将2014年定为"马赫图姆库里年"，整个世界都在纪念马赫图姆库里。②

为了纪念诗人诞辰290周年，2014年前后，诗人的新版土库曼语诗集先后被翻译成俄语、英语、法语、阿拉伯语、土耳其语、乌尔都语、乌克兰语、日语、汉语、朝鲜语、白俄罗斯语、罗马尼亚语、鞑靼语、亚美尼亚语、哈萨克语、乌兹别克语等在世界各地出版。

马赫图姆库里是东方最伟大的人文主义诗人之一，他的诗歌遗产属于世界级文化遗产。马赫图姆库里作为土库曼斯坦文化历史长河里最明亮的一座灯塔，曾照亮土库曼斯坦的星空、曾照亮丝路星空，但新时代马赫图姆库里属于全世界，诗人的人文思想将闪烁在世界星空。

---

① Сапармурат Ниязов. Хочешь быть великим, попытайся осмыслить величие Родины, http://niyazov. sitecity. ru/ltext _ 0409164936. phtml? p _ ident = ltext _ 0409164936. p _ 260710 4011. Игорь КРУЧИК. Туркменский Кобзарь, http://2000. net. ua/2000/aspekty/art/29325. Ruslan T. Посольством США в Ашхабаде была проведена презентация сборника стихов Махтумкули на английском языке, http://www. chrono-tm. org/2014/05/posolstvom-ssha-v-ashhabade-byila-provedena-prezentatsiya-sbornika-stihov-mahtumkuli-na-angliyskom-yazyike/.

② В Узбекистане отметили 290-летие туркменского поэта Махтумкули, http://farishta. uz/culture/culture-news/2546-v-uzbekistane-otmetili-290-letie-turkmenskogo-poeta-makhtumkuli. Чархи Гардун. Великий Махтумкули – Туркмен мира, http://www. gazeta. tj/vd/8546-velikij-maxtumkuli-turkmen-mira. html.

抗战期间苏联援建迪化飞机厂问题研究*

刘 志

(兰州大学 中亚研究所,甘肃 兰州,730000)

【摘　要】抗日战争全面爆发之后,中国军队及装备损失严重,国民政府随即向苏美英法等大国寻求帮助,希望它们提供各类武器装备,但只有苏联积极表态,许以用贷款方式向中国供应军事物资。除向中国提供人力和物资支持外,苏联还曾计划在迪化(乌鲁木齐)建设飞机装配厂。商议建厂之初,双方态度积极,但随着交涉的深入,在建厂的投资份额和装配飞机的类型等问题上出现明显分歧,最终未能达成一致,苏联遂独资建厂。工厂于1940年底建成,次年开始装配飞机,并为苏联其他飞机厂生产零部件。零部件生产持续至1943年该厂人员、设备撤离返苏。按计划装配的百余架飞机没有交付中国政府,而是在1941年夏季被运回苏联。对苏方这一决定中外学者提出了不同解释。笔者认为,装配的飞机不能适应中国抗日战场的需要是中方未主动购买的原因,苏联与日本签订的中立条约是苏联未向中方出售飞机的原因。

【关 键 词】抗日战争;迪化;苏联;飞机厂

【作者简介】刘志,兰州大学中亚研究所硕士研究生,主要研究方向:中亚问题。

---

* 本文为焦一强主持的教育部人文社会科学研究规划基金项目"俄白哈关税同盟与上海合作组织关系研究"(13YJAGJW002)的阶段性成果。

"七七事变"之后不久,淞沪抗战爆发,国民政府调集了陆军精锐的大部以及几乎全部空军和海军投入这场会战。淞沪会战持续了 3 个月,虽然粉碎了日本"3 个月灭亡中国"的计划,但中国军队损失惨重,特别是海军基本全军覆没,空军作战飞机只剩 14 架①(关于淞沪会战后中国战机所余数量说法不一,但最大数字也不过 20 余架,尚无权威档案可考)。面对日本的强大攻势,补充空军力量成为最急迫的任务。

　　在全面抗战开始后不久,国民政府便向美英法苏等大国寻求帮助,但只有苏联做出了迅速、积极的回应。1937 年 8 月 21 日中苏签订了《中苏互不侵犯条约》,之后苏联向中国提供人力及物资方面的援助②,其中对中国空军的援助尤为重要:除向中国派遣现役飞行员③、提供 1235 架作战飞机外④,还计划在迪化建设飞机装配厂⑤,使用由苏联提供的零部件组装作战飞机,供中国空军使用。工厂于 1940 年 10 月开始建设,年底竣工,次年开始生产,短期内装配了 143 架飞机并生产了飞机零部件,然而装配的飞机并未交付中国空军,而是被运回苏联用于苏德战场。因当时苏联援华行动秘密进行,援建飞机厂一事也处于高度保密状态,因而披露的关于迪化飞机厂的资料非常少。苏联解体后,一些俄罗斯学者使用解密的前苏联档案,对迪化飞机厂的有关情况做了介绍,使相关研究有了进展。本文参考这些研究成果,结合其他资料,以期对一些未明或争议的问题进行探讨,特别是对迪化飞机厂装配的飞机未交给中方而运回苏联一事的原因做出解释。

---

① Полынин Ф. П. Боевые маршруты, М.: Воениздат, 1972, с. 45.
② 苏联向中国提供的这两方面援助,在此不再详细叙述。苏联与中国先后签署了 3 笔共 2.5 亿美元的贷款,向中国提供飞机、火炮、枪支、坦克等军事物资;先后派遣 3665 人在中国工作(其中包括军事顾问、专家、飞行员等,211 名飞行员在中国牺牲)。
③ 在此需指出,苏联向中国派遣的为现役飞行员,其中多人曾参加西班牙内战,作战经验丰富,与美国陈纳德将军组织的"飞虎队"不同,后者招募的成员以退役飞行员。
④ 关于苏联向中国提供的飞机数量有多种说法:李嘉谷、斯拉德科夫斯基(Сладковский М. И.)认为有 904 架,王真认为应为 985 架,俄文资料多为 1235 架,另有 1250 架之说,而国民政府未提供具体数字。
⑤ 中俄文资料中多称该厂为"飞机制造厂"或"飞机装配厂",而本文称"飞机厂",因该厂建成之初为飞机装配厂,后转产为苏联其他飞机厂生产零件。但在译文中遵照原文使用了"飞机制造厂""飞机装配厂"的表述。

一 研究综述

关于迪化飞机厂，目前国内只有两篇文章专门对其进行介绍：一是《抗战时期中苏一次重要合作的夭折——苏联援建迪化飞机制造厂始末》[①]，二是《新疆迪化飞机制造厂易手始末》[②]。两者虽为专门介绍该飞机厂的文章，但只对中苏双方前期建厂的商议过程和后期撤离时的转手过程进行了详细叙述，而对该厂的建设过程、建筑规模、生产情况以及产品去向没有提及或存在错误[③]。另有几篇讨论抗战时期中苏关系的文章虽也提及该厂，但都未做详细介绍。除上述两篇文章外，国内学者编著的讨论抗战时期中苏关系的书中对飞机厂也有涉及，如《中华民国重要史料初编——对日抗战时期》[④]和《动荡中的同盟——抗战时期的中苏关系》[⑤]。前者在介绍战时中苏关系时，与上面两篇文章相同，从中方的视角对中苏双方有关飞机厂的交涉过程进行了详细叙述，但对该厂的其他情况没有介绍；而后者则对飞机厂的介绍一笔带过，且没有根据地说"飞机装配厂的开办与投产，使抗战初期中国空军的力量得到加强"[⑥]，这种说法是不符合历史事实的。中苏双方关于飞机厂前期建设与后期转给中方的情况前述资料已有论述，本文不再重复。

与国内情况相比，俄罗斯（苏联）涉及迪化飞机厂的资料要丰富得多。专门介绍该厂建设及生产情况的文章如《中国空军的"苏联之

[①] 李嘉谷：《抗战时期中苏一次重要合作的夭折——苏联援建迪化飞机制造厂始末》，《北京档案史料》2005年第2期。
[②] 蔡锦松：《新疆迪化飞机制造厂易手始末》，《民国档案》1996年第3期。
[③] 蔡文称1942年"当年已生产E16单、双座机各50架、SB型机70架、EO153型机130架"，该数量是错误的，详见后文。
[④] 秦孝仪：《中华民国重要史料初编——对日抗战时期》第3编，"战时外交"，中国国民党中央委员会党史委员会，1981。
[⑤] 王真：《动荡中的同盟——抗战时期的中苏关系》，广西师范大学出版社，1993。
[⑥] 王真：《动荡中的同盟——抗战时期的中苏关系》，广西师范大学出版社，1993，第105页。

翼"——1938~1941年新疆飞机装配厂的建设及运营》①《新疆的苏联工厂之历史》②《我们在新疆》③《新疆的苏联工厂》④ 等。另有一些文章也涉及该厂，如《中国天空中的苏联战斗机（从1937年至40年代初）》⑤《卫国战争时期苏联的飞机制造厂》⑥ 《И-16战斗机》⑦ 等。⑧ 俄罗斯（苏联）学者除对中苏双方前期建厂和后期转手的过程进行介绍之外，还对该厂的建设过程及生产、产品处理的情况进行了描述。但俄文文献中也存在诸多分歧，如《中国天空中的苏联战斗机（从1937年至40年代初）》中提到工厂建成时间为1941年2月，在9月份之前已经装配了111架（另有143架之说）飞机，⑨ 该说法中的时间节点和飞机数量是有疑问的。而《伟大邻国的空军》则说在工厂停止装配 И-16 战斗机之后，开始生产 УТ-2 教练机，并将这些教练机运抵伊宁航校和中国的其他航校，也有部分运往苏联；在1941年秋至1943年间，该厂生产了89架 УТ-2 教练机，⑩ 但根据下文可知，这是不符合事实的。《卫国战争时期的苏联航空工业》中介绍说1942年春工厂被停办，设备被拆卸运回苏联，这种说法也不符合事实。

据目前的资料，可以把有关迪化飞机厂的问题归纳为三个方面：第

---

① В. Г. Шматов, 《Советские крылья》 китайской авиация (о строительстве и деятельности авиасборочного завода в Синьцзяне в 1938 – 1941гг.), Известия Алатайского государского университета, 2013, №4.

② История-Советский завод в Синьцзяне, http://www.sgline.org/cat/16/11045, 18.11.2015.

③ Юлии Бельчич, *Наши в Синьцзяне*, Техника-Молодежи, 2009, №8.

④ Мухин. М. Ю. *Советский завод в Синьцзяне*, Новая и новейшая история, 2004, №5.

⑤ Дёмин А. А. *Советские истребители в небе Китая (1937-начало 1940-х годов)*, Авиация и Космонавтика, 2001, №2.

⑥ Юрий Засыпкин, Самолетостроительные заводы СССР в годы Великой Отечественной войны, http://www.telenir.net/transport_i_aviacija/vzlyot_2005_05/p30.php, 18.11.2015.

⑦ Юрий Засыпкин, Самолетостроительные заводы СССР в годы Великой Отечественной войны, http://www.telenir.net/transport_i_aviacija/vzlyot_2005_05/p30.php, 18.11.2015.

⑧ М. Маслов, Истребитель И-16. http://statehistory.ru/books/M-Maslov-_Istrebitel-I-16/12, 18.11.2015.

⑨ Дёмин А. А. *Советские истребители в небе Китая (1937-начало 1940-х годов)*, Авиация и Космонавтика, 2001, №2.

⑩ Дёмин А. А. Авиация великого соседа. Книга 1. У истоков китайской авиации, М., 2008, с. 507.

一，中苏双方关于苏联援建飞机厂的前期商议过程；第二，飞机厂的建设过程，产品的生产及处理情况；第三，飞机厂停产后中苏双方关于该厂作价转让的商议过程。如前所述，第一、三个问题已有学者做了介绍，这里不再赘述，下文仅根据有关资料对第二个问题进行论述。

二 迪化飞机场的建设过程及生产细节

全面抗战开始不久，国民党政府即与苏方接触，希望得到苏方的帮助。1937年8月，蒋介石派军令部次长杨杰率团赴苏，力求苏联出兵援华。在苏联拒绝签订《中苏双边互助条约》之后，双方于1937年8月21日签订了《中苏互不侵犯条约》。随后分别于1938年3月1日、1938年7月1日和1939年6月13日签署了5000万美元、5000万美元和1.5亿美元共2.5亿美元的三笔信用贷款协定。实际上，在第一笔贷款签署之前，苏联在1937年10月就已开始向中国运送军事物资，其中就包括以И-15、И-16战斗机为主的各种飞机。因当时战斗机航程短，中国又无力在沿途提供燃油和其他补给，这些飞机从阿拉木图到兰州主要采取了拆解后由卡车运输的方式，成本较高。1937年11月11日，斯大林建议由苏联帮助中国在国内建设飞机制造厂。

斯大林的建议得到中方的积极回应。1938年5月孙科在莫斯科正式提出希望苏联帮助中国建设飞机厂。1938年7月初，中国驻苏大使杨杰曾与苏联专家交谈，"希望能够在苏联的帮助下，在迪化建设飞机装配厂以弥补中国空军的损失"。[①] 1939年8月11日苏联航空工业人民委员会与中国政府代表签署协定，内容包括：中苏在建设迪化飞机装配厂中双方的义务；该厂的位置为距迪化市40公里的头屯河镇。

鉴于斯大林的建议以及中方的积极态度，联共（布）中央遂做出多个决定，苏联在迪化建飞机厂的规划与建设工作很快开始。1939年6月27

---

① Дёмин А. А. Авиация великого соседа. Книга 1. У истоков китайской авиации, М., 2008, с. 504.

日（此时正值哈勒欣河战役紧张之时），联共（布）中央政治局做出№ П4/107 - ОП 决议，批准了伏罗希洛夫（К. Е. Ворошилов）关于在伊宁市建航校并在迪化市建飞机装配厂的提议；随后下达书面命令："责成苏联航空工业人民委员会就建飞机厂一事以及将在该厂进行装配的飞机类型与中国政府代表进行协商。"① 同日，联共（布）中央政治局下达№ П 6/74 - ОП 号命令，批准国防委员会呈交的相关建议，于 1939 年后半年向航空工业人民委员会拨款 1500 万卢布（其中 30% 使用外汇，当时汇率为 1 美元兑换 5.3 卢布）用于建设迪化飞机制造厂。② 1940 年 2 月 25 日，联共（布）中央政治局又做出№ П 13/76 决议，内容涉及迪化飞机制造厂的建设工作，同意 1939 年 8 月 11 日国防委员会的№287 号决议，并指示为达此目的，从苏联人民委员会储备基金中向航空工业人民委员会预付 1100 万卢布，其中 30% 使用外汇。③ 1940 年 7 月 27 日，联共（布）中央政治局（№ П19/99 - ОП）着手考虑国防委员会提交的关于建设迪化飞机装配厂的总预算方案。按照航空工业人民委员会的报告，预算总金额为 29474531 卢布（约合 556.12 万美元），决定从苏联人民委员会储备基金中拨付（其中 25% 使用外汇）。航空工业人民委员会承诺将在 1941 年 1 月 1 日之前呈报最终资金决算。④

然而，中方的积极回应与苏方的及时安排并未使中苏双方在建厂问题

---

① Российский государственный архив социально-политической истрии（РГАПИ）. ф. 17. оп. 162. д. 25. л. 79，转引自 А. С. Степанов，"Советский авиаэкспорт и военно-техническое сотрудничество СССР с государствами Азии в1920 - х-начале 1940 - х годов"，*Советский авиаэкспорт и военно-техническое сотрудничество СССР с государствами Азии в 1920 - х-начале 1940 - х годов*，Общество. Среда. Развитие，2009，№1.

② РГАПИ. ф. 17. оп. 162. д. 25. л. 157. 转引自 А. С. Степанов，*Советский авиаэкспорт и военно-техническое сотрудничество СССР с государствами Азии в 1920 - х-начале 1940 - х годов*，Общество. Среда. Развитие，2009，№1.

③ РГАПИ. ф. 17. оп. 162. д. 27. л. 45. 转引自 А. С. Степанов，*Советский авиаэкспорт и военно-техническое сотрудничество СССР с государствами Азии в 1920 - х-начале 1940 - х годов*，Общество. Среда. Развитие，2009，№1.

④ РГАПИ. ф. 17. оп. 162. д. 28. л. 59. 转引自 А. С. Степанов，*Советский авиаэкспорт и военно-техническое сотрудничество СССР с государствами Азии в 1920 - х-начале 1940 - х годов*，Общество. Среда. Развитие，2009，№1.

上的商谈顺利进行，因分歧（详见后文）无法调和，双方最终未能签署正式合同。在这种情况下，苏联决定独资建设苏联航空工业人民委员会所属的№600飞机厂，为保密起见，对外称之为"农业机械厂"。顺便指出，有多位俄罗斯学者在文章中说№600飞机厂位于哈密，这是不对的。

由于双方的分歧，直至1940年9月1日才完成建厂工作的第一部分——为建立起阿拉木图与飞机厂之间的有效联系，在厂内建设了大功率的常设电台，为工厂的通信提供了保障。①

在建厂条件不完全具备的情况下，飞机厂的建设工作从1940年10月开始，"比政府提出的期限推迟了6个月"，②经过3个月的努力，于年底竣工。关于建厂费用，据时任厂长叶西科夫（В. С. Еськов）介绍，"建设工厂的费用比原预算减少了16.9%"。③工厂建成之初，共有78座建筑，铺设路面面积12000平方米，此外还有供水、供暖系统和机场。在建厂的同时，该厂还曾按照航空工业人民委员会的要求，在这一年的年底装配了6架飞机。④

工厂建成之后随即投入生产，自1941年初至1943年4月工厂设备及人员撤离，根据产品的不同可将生产过程分成两个阶段：整机装配阶段和零件制造阶段。

第一阶段，整机装配。苏联专家和技师带领当地工人，按照苏联空军制定的标准，把来自苏联的主要部件（发动机等）和本厂生产的辅助零件进行组装。依据航空工业人民委员会的年度规划，该厂在1941年的生产任务为143架И-16战斗机。而工厂比原定时间提前2个月零10天完成了该项任务⑤（此处的年生产计划不是一整年的生产指标）。相关资料显示，

---

① Российский государственный архив экономики. Ф. 8328. Оп. 1. Д. 1484, Л. 1. 转引自 Мухин. М. Ю. Советская авиапромышленность в годы Великой Отечественной войны, М., 2011.
② М. Рабинович, Ю. Бельчич, *Наши в Синьцзяне*, Техника-Молодежи, 2009, №8.
③ М. Рабинович, Ю. Бельчич, *Наши в Синьцзяне*, Техника-Молодежи, 2009, №8.
④ М. Рабинович, Ю. Бельчич, *Наши в Синьцзяне*, Техника-Молодежи, 2009, №8.
⑤ М. Рабинович, Ю. Бельчич, *Наши в Синьцзяне*, Техника-Молодежи, 2009, №8.

"1941年4月份，在该厂已经停放了143架油封的И-16战斗机"①，可知原生产计划时长大致为6个月。据厂长介绍，143架И-16战斗机装配完成之后，按照苏联航空工业人民委员会的要求在夏季组织运送至苏联，②此时正值卫国战争爆发，飞机被用于苏德战争前线。"至9月1日前，已经转运了111架飞机，其中一架И-16战斗机在山区失事。剩余的30架И-16战斗机和2架УТИ-4教练机（该型教练机是И-16战斗机的一种改型，统计时将其按照И-16战斗机来计算）在这一年的年底之前运抵阿拉木图。"③ 此后再未装配出一架飞机。④

第二阶段，零件制造。从叶西科夫的信件中可知，迪化飞机厂提前完成年度生产计划之后，并没有继续按照原有的生产计划进行整机装配，而是用一个半月的时间完成转型，开始为生产И-16、ЛаГГ-3和Як-76战斗机的苏联其他飞机厂制造零件。⑤ 工厂原来的生产车间进行了改装，"1942年1月1日之前该厂在既有建筑物的基础上，通过内部资源整合组成新的车间——总装油漆和蒙皮车间、钳工车间、焊工车间、铜工艺车间、电力设备车间、热力系统及工具车间"⑥ 同时为满足新的生产要求，对包括干部在内的原有工作人员进行技术培训。为其他厂提供的零件的质量经检验后得到肯定——"在№153厂对该厂生产的零件进行检验，确认该厂生产的零件可以很好地进行组配，完全符合技术要求"。⑦ 这样，就实现了"用自己的力量将原来的飞机装配厂改建为飞机制造厂"⑧。零件制造工作一直延续至1943年4月。

由上可以确定迪化飞机厂的建设过程及装配飞机、生产零件的情况：建厂工作原定1940年4月开始，然而拖延6个月之后于1940年10月开

---

① Советские крылья в небе Китая, http://rufor.org/showthread.php?t=15581, 11.21.2015.
② Советские крылья в небе Китая, http://rufor.org/showthread.php?t=15581, 11.21.2015.
③ Советские крылья в небе Китая, http://rufor.org/showthread.php?t=15581, 11.21.2015.
④ Советские крылья в небе Китая, http://rufor.org/showthread.php?t=15581, 11.21.2015.
⑤ М. Рабинович, Ю. Бельчич, *Наши в Синьцзяне*, Техника-Молодежи, 2009, №8.
⑥ М. Рабинович, Ю. Бельчич, *Наши в Синьцзяне*, Техника-Молодежи, 2009, №8.
⑦ М. Рабинович, Ю. Бельчич, *Наши в Синьцзяне*, Техника-Молодежи, 2009, №8.
⑧ М. Рабинович, Ю. Бельчич, *Наши в Синьцзяне*, Техника-Молодежи, 2009, №8.

始,经3个月的时间,完成建厂工作。1941年按照苏联航空工业人民委员会的决定,使用来自苏联的主要零部件装配了143架И-16战斗机,当年夏季运抵苏联。结束装配工作后,开始为苏联其他飞机厂生产零件,直至1943年4月苏联设备及专家撤离中国。

三 迪化飞机场所产飞机未应用于中国战场的原因

有资料显示,1941年苏联红军收到了"额外"的约150架"小毛驴"① [小毛驴（ишак）为И-16战斗机在苏联的昵称,在中国则被叫作"燕子"（ласточка）。——引者注],这正是由№600飞机厂1941年装配的143架И-16战斗机。由建厂前中苏双方商议的过程可以确定该厂装配的飞机本应交付中国政府,却被运回苏联用于苏德战场前线。这一情况给我们提出了一个问题:是什么原因使苏联做出了这一决定?

对于这个问题,中国学者似乎没有进行过研究,而俄罗斯（苏联）学者也似未进行过专门讨论,即使提到也大都把原因归结为两点:一是国民党政府没有投资,致使苏联独资建厂,所以该厂产品应运回苏联——1943年4月,苏联驻迪化总领事普士庚（Г.М.Пушкин）交给新疆督办盛世才一份函件,其中说:"与中国政府所进行之关于建筑及经营飞机制造厂的谈判中,曾预计该厂应由中苏双方出资建筑,而其出品则应供中国需要。但是,与中国政府所进行的谈判,由于非关苏联政府的原因,未能缔结协定,致使该厂之一切费用完全落在苏方。"② 这是普士庚解释的苏联决定将该厂设备及专家撤离新疆的原因,也是将飞机运回苏联的原因。二是该厂飞机装配结束的时间恰逢卫国战争开始,苏联急需这批飞机——"6月22日之后,苏联政府突然改变了№600飞机厂生产产品的计划。现在苏联前

---

① Маслов М. А. Истребитель И-16 норовистый《ишак》сталинских соколов, М.: Яуза, Эксмо, 2008, с. 75.
② 秦孝仪:《中华民国重要史料初编——对日抗战时期》第3编,"战时外交",中国国民党中央委员会党史委员会,1981,第448页。

线需要每一架战斗机（包括样机在内）"。① 笔者认为，从表面看，上述两个原因有一定道理，但仔细分析，就会发现：首先，这批飞机组装完成是在1941年4月，此时距卫国战争爆发还有两个多月，而且当时苏联政府和斯大林本人都没有预料到战争即将发生，甚至不相信德国会向苏联进攻，所以，用卫国战争来解释改变原本向中国供应飞机的计划而把飞机运回苏联是说不通的。在飞机组装结束至被运回苏联的这两个多月的时间里，苏联改变了原本应向中国供应飞机的计划。一是中方没有提出要求，二是苏联在考虑如何处置，也许是在等待中国政府改变态度，总之，这两个多月的时间里，还有值得研究的问题。其次，由于中苏两国在建厂商议过程中一直未能就投资一事达成一致，因此也就谈不上对产品的归属进行确定，这样，合乎逻辑的结果就是，装配出的飞机完全归苏联所有，可由苏联自行处置。当时，苏联向中国提供的第三笔贷款仍有近8000万美元没有使用，远多于该批飞机的造价，显然，若苏联想主动向中国提供这批飞机，资金不是苏方改变计划的原因。那么，随之而来的问题是，在1941年4月，当143架И-16战斗机停放在迪化飞机厂内时，国民政府是否向苏方提出了购买这批飞机的要求？从目前了解到的情况看，国民政府没有提出要求。接下来的问题就是，中方为什么不要这些飞机？苏联又为何没有积极促成这笔交易？

（一）飞机性能的差异致使中方无意购买该批飞机

首先讨论中方没有主动求购这批飞机的原因。我们知道，1941年正值中国空军最为艰难的时期，而导致中国空军陷入困境的最主要原因是日本零式战斗机（下文称"零式机"）在中国战场的出现。中国国民政府为什么在本国亟待补充空军力量之际而对停放在迪化飞机厂内的这批飞机无动于衷？我们认为原因是，中国国民政府或蒋介石本人认为由该厂装配的И-16战斗机在性能方面明显落后于零式机，无法与零式机进行对抗，购买这批飞机已无意义。

---

① Мухин М. Ю. Авиапромышлнность СССР в 1921 – 1941 гг., М., 2006, c. 87.

恰值建厂之前不久，1940年8月11日，零式机初次被投入中国战场，为轰炸机护航参与了对重庆的轰炸。9月13日的重庆璧山空战作为零式机正式参与作战的标志，开始了对中国空军的"屠杀"。至1940年底，中国空军只剩下65架作战飞机，不得不减少与日本空军的对抗。① 中国空军飞行员驾驶 И–16 和 И–15бис 战斗机，无法与零式机对抗，在与零式机的数次空战中，经常出现中国飞机惨败而日机零损失的结局。相关资料显示，零式机曾在30分钟内击毁了27架 И–16 和 И–15бис 战斗机。② 面对如此大的差距，束手无策的国民政府为了保存仅有的一点空军，被迫命令中国空军停止参与作战。

在此危急情况下，蒋介石再次向苏联求援，并保证支持抗日民族统一战线且缓和与中国共产党的关系（皖南事变后，苏方对蒋的反共行为进行了指责）。了解中国战况的苏联政府知道此前向中国提供的 И–16 战斗机不能与零式机抗衡，因而在此时没有提供 И–16 战斗机，而是迅速于1940年底至1941年初向中国提供了70~93架（准确数目尚待官方资料确认）较 И–16 战斗机在机动性方面略好的 И–153 双翼战斗机。该型战斗机曾在诺门坎战役中被使用，虽在与日本九五式战斗机、九六式舰载战斗机、九七式战斗机的对抗中有不错表现，但整体性能仍处于劣势。另外，И–153虽为 И–15 战斗机的深度改进型，是苏联批量生产的最后一型双翼战斗机，但存在一些严重的质量问题，③ 更何况此时面对的是性能更加优越的日本零式机。因此，И–153 战斗机刚一投入与零式机的战斗，就遭惨败。面对此种情况，从1940年秋至1941年春，中国航空委员会8次命令中国空军停止参与军事行动，飞机被拆卸并被隐藏在机场附近的山洞里。④ 总之，零式机相对于中国空军使用的苏制 И–15、И–16、И–15бис 及

---

① Мухин М. Ю. Авиапромышлнность СССР в 1921–1941 гг., М., 2006, с.87.
② Дёмин А. А. *Советские истребители в небе Китая*（1937 – начало 1940 – х годов），Авиация и Космонавтика, 2001, №2.
③ Дёмин А. А. *Советские истребители в небе Китая*（1937 – начало 1940 – х годов），Авиация и Космонавтика, 2001, №2.
④ Дёмин А. А. Авиация великого соседа. Книга 1. У истоков китайской авиации, М., 2008, с.507.

И-153 战斗机具有明显的优势，中国空军在经历了数次实力悬殊、损失惨重的空战后，被迫退出了战斗，这使1941年成为抗战期间中国空军最为困难的一年。由前述可知，1941年4月，迪化飞机厂已经封存了143架И-16战斗机，而面对中国战场上 И-16、И-153 战斗机的惨败，从飞机性能的角度看，中国国民政府不购买这批飞机是合乎情理的。

就当时情形而言，向中国供应的苏制飞机相较零式机在性能方面的落后，不仅成为中国政府没有求购这批飞机的原因，同样也成为中方始终未对建厂进行投资的重要原因之一。至此，本应由双方共同投资建厂的计划最终未能实施的原因也需要重新审视。本文认为，双方在谈判中对新疆参与投资和计划生产的飞机类型这两个问题上的重要分歧，使国民政府放弃了对该厂的建设及运营进行投资。

可以确定，在斯大林于1937年11月提出建厂建议时国民政府的态度是积极的，中苏双方就此事经过近3年的交涉，在苏联于1940年10月明确了建厂计划后，国民政府的态度却发生了明显改变，这从中苏双方在关于此事的交涉过程中体现出来。

1937年11月11日，斯大林在与杨杰和中央执行委员张冲的会谈中第一次提出在中国援建飞机制造厂的设想。"飞机由外供给，既不经济又不能如期办到……中国所缺者为飞机发动机，此次予承认无限供给中国，但其余机体均可派专家到中国制造。"① 1938年1月5日，杨杰将斯大林的建议转告蒋介石。中国政府随后便派遣航空委员会代表团抵达莫斯科，与苏方专家制定飞机制造厂的建设方案。1938年8月22日，杨杰致电蒋介石，"厂址以暂设迪化为有利"，② 首次提出将厂址定在新疆迪化。

随着谈判逐渐深入，双方分歧也表现出来。1939年10月14日，苏联副外交人民委员洛佐夫斯基（С. А. Лозовский）就国防委员会决定在迪化建造飞机装配厂一事致电苏联驻华全权代表潘友新（А. С. Панюшкин）:

---

① 秦孝仪：《中华民国重要史料初编——对日抗战时期》第3编，"战时外交"，中国国民党中央委员会党史委员会，1981，第334~335页。
② 孔庆泰：《抗战初期杨杰等和苏联磋商援华事项秘密函电选》，《民国档案》1985年第1期。

"已开始往乌鲁木齐运送物资和派遣人员。"并首次提出建厂资金配额问题,"苏联政府投资企业费用的50%,中国中央政府投资25%,新疆省政府投资25%"。① 苏方敦促潘友新向中方提出此方案,希望征得中方同意。1939年10月18日,潘友新会见蒋介石,当潘友新向蒋介石介绍了中(包括新疆省政府)、苏投入的资金配额与该厂的生产计划时,蒋介石对只生产歼击机提出质疑,"工厂年生产300架歼击机?没有考虑生产轰炸机?"② 1939年10月19日,潘友新与张冲就建厂问题进行会谈,当被问及蒋介石的答复时,张冲说:"不会有原则性的反对意见。谈话可能引起的唯一问题是省政府的参与份额……政府人士中有些人希望工厂生产200架歼击机和100架轰炸机。"③ 显然,尽管张冲淡化了对不生产轰炸机一事的意见,但在中苏双方商议建设迪化飞机厂的过程中明显已经出现了两个分歧:新疆参与投资和飞机类型(包括种类和型号)问题。

虽然双方产生了意见分歧,但都在为促成谈判做出努力。1939年10月24日,潘友新与中国航空委员会主任周至柔交谈,潘将中、苏参股与年生产300架歼击机两个问题向周做了介绍。周说:"我方对苏联和中国将参与平等份额没有不同意见。我们有一个要求:中央政府和省政府的入股数额问题容我们自己解决。至于工厂的产量,第一年可保持生产300架歼击机,以后不仅生产歼击机,而且要生产轰炸机。我们认为,工厂应当年产200架歼击机和100架轰炸机。"周还强调,"中方以后将选择歼击机的型号"。④ 1940年1月9日,杨杰与洛佐夫斯基会谈,洛介绍说:"人民委员会已经在进行建厂的筹备工作,具体说就是:运去了金属构件、必备的材料、设备等等……给工厂定向拨款2500万卢布。"他还强调让新疆参股

---

① Архив внешней политики Российской Федерации (АВПРФ), ф.059, оп.1, п.312, д.2145, л.99-100. 转引自李嘉谷《抗战时期中苏一次重要合作的夭折——苏联援建迪化飞机制造厂始末》,《北京档案史料》2005年第2期。

② АВПРФ, ф.01, оп.4, п.29, д 97, л 87-88. 转引自李嘉谷《抗战时期中苏一次重要合作的夭折——苏联援建迪化飞机制造厂始末》,《北京档案史料》2005年第2期。

③ АВПРФ, ф.01, оп.23, п.9, д.193, л.330-331. 转引自李嘉谷《抗战时期中苏一次重要合作的夭折——苏联援建迪化飞机制造厂始末》,《北京档案史料》2005年第2期。

④ АВПРФ, ф.01, оп.23, п.9, д.193, л.336-340. 转引自李嘉谷《抗战时期中苏一次重要合作的夭折——苏联援建迪化飞机制造厂始末》,《北京档案史料》2005年第2期。

一事:"鉴于飞机装配厂建在新疆地区,建在迪化市……建设速度就要因他的(指盛世才。——引者注)参与而受到制约……为了事业,应当吸收督办参加工厂的兴建……十分明显的是,为了尽快建成这个为中国国防而开办的企业,督办参与建厂是必要的。"① 可见,苏方对与中方合作建厂一事仍持积极态度,并且在股份问题上坚持让盛世才加入,而此时国民政府也未打算放弃合作。1940年1月14日,中国航空委员会拟定了一个中苏合办迪化飞机制造厂的方案。方案内容包括中、苏两方的资金分配及工厂的制造能力两方面——中苏各占50%的资金配额,中方参股资金暂定100万美元,且从苏联借款中支付;仍坚持每年生产歼击机与轰炸机。此方案因杨杰出国未归暂时搁置。1940年3月4日,杨杰归国,航空委员会又拟定了一个中苏合办迪化飞机制造厂的方案。与前者主要不同之处在于:首先,强调主权归我;其次,资金不再以100万美元为限,而是以实际成本计算,中苏各承担50%;最后,厂址迁至兰州或肃州(今酒泉),仍坚持每年生产歼击机与轰炸机。但与苏方人员商谈后未能达成一致。

由于分歧未能消除,中方决定放弃合作建厂。1940年4月13日,蒋介石告知孙科:"И-16飞机性能太慢,不适于今日之用;СБ机(指СБ型轰炸机。——引者注)飞程太短,实不应我国之需要。如将(设)制造厂必须制造最新需用之飞机方可,否则旧式飞机直等于不设厂也,应请苏俄谅解。"② 对于苏联一直坚持生产И-16战斗机,蒋介石并不满意。蒋介石的这番话可看作最终放弃与苏合办迪化飞机厂的决定。

由上可知,在与苏方商谈建厂过程中,在苏方坚持让盛世才入股投资和拟生产的飞机类型这两个问题上产生的分歧未能消除,最终导致了中国政府放弃合作建厂。如前所述,中国政府对拟生产的飞机类型存在疑问并非偶然,而拒绝新疆参股也不是没有道理。相比较而言,中国战场上出现的日本空军九五式战斗机、九六式舰载战斗机、九七式战斗机和苏联提供

---

① АВПРФ, ф.01, оп.24, п.5, д.196, л.1-3. 转引自李嘉谷《抗战时期中苏一次重要合作的夭折——苏联援建迪化飞机制造厂始末》,《北京档案史料》2005年第2期。
② 秦孝仪:《中华民国重要史料初编——对日抗战时期》第3编,"战时外交",中国国民党中央委员会党史委员会,1981,第522页。

给中国的 И-15（包括 И-15бис）、И-16 战斗机同属于 20 世纪 30 年代研发的产品，虽然 И-16 战斗机的时速最高（350～400公里/小时），但日本人由空战经验得出结论：九六式舰载战斗机在水平运动和垂直运动中的性能明显优于 И-16 战斗机。① 而在 1939 年末的苏联航空工业企业中，确实没有比 И-16 战斗机性能更好的飞机，新一代苏联战斗机此时还停留在图纸和试验车间中。抗战开始以来，中国空军尽管作战英勇，但损失严重，原因之一就是飞机性能一直处于劣势。零式机的出现，更突出了使用苏式飞机的中国空军的劣势。另外，盛世才主政新疆期间，为保持对新疆的绝对统治采取亲苏政策，标榜新疆是中国境内除国民党、共产党之外的"第三政治集团"。盛世才治下的新疆省政府与苏联的特殊关系在 1942 年春开始破裂，1943 年苏联开始撤出在新的企业和人员与盛改变亲苏政策有关。此前盛割据新疆，故南京政府不愿意让新疆省政府参与飞机厂投资。这成为国民政府对苏联飞机期望值不高，不愿在盛世才入股投资和机型问题上做出让步，并最终停止合作建厂的重要原因。

至此，通过梳理因对飞机性能不满意而放弃合资建厂的过程，我们更能理解，中国政府认为该厂所装配的 И-16 战斗机不能满足对抗日机的需要，是中国政府没有主动购买这批飞机的原因。

（二）苏日关系的缓和使苏联不愿向中方供应该批飞机

我们注意到，这批飞机装配完成之时，正值苏日两国签订《苏日中立条约》（Пакт о нейтралитете между СССР и Японией）之际，条约中明确规定一旦签约的一方与一个或多个第三方势力发生敌对冲突，条约的另一方将在整个冲突期间保持中立。苏联对日本势力进入新疆一直保持高度警惕，新疆境内也存在日本的间谍活动，苏联担心如果这批飞机提供给中国，会刺激刚刚签署了条约的日本而对自身不利。

苏日关系一直是苏联制定对华政策的重要影响因素，苏联的对华政策

---

① Дёмин А. А. *Советские истребители в небе Китая*（1937 - начало 1940 - х годов），Авиация и Космонавтика，2001，№2.

服从于苏联的对日政策。无庸置疑,抗战初期来自苏联的援助对中国抵抗日本侵略发挥了重要作用,但在讨论二战时期中、苏、日三国之间的关系时仍需考虑苏联政府制定援华政策的出发点,这与苏联对华政策的变化是密切相关的。在苏联远东边境地区,苏日两国历来视对方为"严重威胁"。中苏双方于1937年8月21日签订的《中苏互不侵犯条约》被日本解读为苏联"现实支持中国的姿态"。① 经过1938年7月的张鼓峰事件和1939年夏季的诺门坎战役,日本更加认为苏联是北方需要对付的主要威胁。苏联一是担心日本与德国联合发动对苏作战,致使苏联东西双面受敌;二是极力避免中国尤其是中国西北地区被日本占领,避免中亚地区像苏联远东边境地区一样陷入被日军侵略的危险之中。苏联援助中国抗日明显具有让中国战场束缚日本手脚的目的。斯大林曾对将履职中国军事总顾问的崔可夫(В. И. Чуйков)说,"只有日本侵略者的双手被捆住以后,我们才能在德国侵略者一旦进攻我国时避免双线作战"。② 基于此,可以得出这样的结论:中国的抗战被苏联领导人视为牵制日军"北进"侵犯苏联的工具,向中国提供援助是欲借中国之力削弱日本的侵略力量以保护自己的安全。所以,苏联、中国和日本三国之间呈现这样的关系——苏联一旦认为日本不再是威胁时,对中国战场的认识也会发生变化,进而影响苏联对中国提供援助的具体行为。

1940年7月起,苏日关系开始发生变化。1940年7月27日,日本政府通过了《适应世界形势演变的时局处理纲要》(下称《纲要》),其中第一条为"以对德、意、苏政策为重点,……大力调整对苏关系"。在对《纲要》内的必要事项进行说明时着重对"以对南方的政策为重点的态势转变"进行解释——"从政略和战略两个方面的观点出发,从目前以正在进行的中国事变为重点的态势,转移到以对南方的施策为重点上来";提出要"迅速调整日苏邦交问题",并且"必须一扫原来的对苏谈判观念,

---

① 〔日〕服部卓四郎:《大东亚战争史》,张玉祥译,商务印书馆,1984,第22页。
② 〔苏〕В. И. 崔可夫:《在中国的使命——一个军事顾问的笔记1940~1942》,赖铭传译,解放军出版社,2012,第46页。

为了北方安定，采取大胆的施策（例如缔结互不侵犯条约等）"。① 日本对苏政策的转变得到苏联的回应，两国历经多次谈判，最终于1941年4月13日在莫斯科由苏联外交人民委员莫洛托夫（В. М. Молотов）和日本外务大臣松冈洋右签署了《苏日中立条约》，两国相互保证维护两国间的友好和平关系。此后，日本集中力量"南下"，而苏联也将注意力集中于对德备战，日本对苏联的威胁暂时解除，中国战场对苏联的意义也随之下降。条约的约束，以及苏日间关系的缓和使得苏联政府对中国战场的定位发生变化，使苏联政府无意向中国政府出售这批飞机。

对于苏联未向中国主动出售该批飞机之原因的讨论与中苏之间第三笔贷款未被完全使用密切相关。1941年初，中国政府接收完苏联向中国提供的一批援助物资之后，只零星接受过数量不多的苏联物资，而此时中苏之间于1939年6月13日签订的价值1.5亿美元的第三笔信用贷款只进行了不到一半，仍有近8000万美元没有被使用。而中国收到最后一批苏联援华物资的时间与这批飞机被决定运回苏联的时间大致相同。1941年仍是中国抗战过程中的艰难时期，即使苏联所提供的飞机无法让中方满意，但其他物资，如弹药、枪支、大炮等，特别是大口径火炮，因中国不能生产，仍是中国所需要的。但中国基本未收到来自苏联的其他物资，由此可推断，中国主动放弃苏联对华援助的可能性似乎不大。1941年初，迪化飞机厂的飞机被运回苏联，是苏联主动停止援助中国的一个表现。苏联停止向中国提供援助的原因与苏方决定把由迪化飞机厂装配的飞机运回本国的主要原因基本相同——由于苏日关系的缓和，此时的中国战场对苏联而言，意义发生了变化。

四 结语

1942年春，新疆省政府与苏联政府的特殊关系开始破裂，当年10月，盛世才要求除苏联外交官员外，其余所有在新疆的苏联人员应在3个月内

---

① 〔日〕服部卓四郎：《大东亚战争史》，张玉祥译，商务印书馆，1984，第33~37页。

撤离新疆。苏联在经多次交涉无效的情况下，于 1943 年 4 月告知盛世才将撤退所有苏方人员、设备及驻军，其中包括援建的迪化飞机厂和负责该厂警卫工作的苏军第 171 独立步兵营。根据时任厂长叶西科夫于 1943 年 8 月 12 日向苏联航空工业人民委员 А. И. 沙乎林（Шахурин А. Н.）呈送的秘密报告可知，① 该厂员工自 1943 年 5 月 7 日开始迅速着手对厂内设备进行拆卸和装箱，至当年 6 月 1 日前已经将主要设备和产品拆卸完毕并准备运回苏联，厂内人员也随即撤离。

此时中国政府表示，如果苏联政府不是因为"直接与苏联正在进行的战争有关"而做出将飞机厂内技术设备撤离的决定，"中国政府便希望苏联政府能够将这些技术设备按照其价值卖给中国"。② 1943 年 7 月 26 日，周至柔至该厂察看，设备机器已被拆除约 80%，只剩下一些附属设备与厂房。1944 年 5 月，中苏双方达成协议，中方以 420 万美元的价格（其中 295 万美元用 40.5 万头活羊抵充，苏方曾欠新疆省政府 68.36013 万美元，扣除该两项后中方应付现金 56.639807 万美元③）收购所剩的附属设备及厂房。自此，迪化飞机厂归中国政府所有，但已不具备生产能力了。

由上所述，迪化飞机厂从提出到建成，用了 3 年时间。由于它装配的飞机运回了苏联，所以并没有对抗日战场发挥作用。另外，在飞机厂主要设备都已被拆除、失去生产能力的情况下，国民政府为什么又花巨资购买飞机厂剩余的附属设备？按照当时卢布与美元的汇率计算，最终的收购价格 420 万美元与苏联建厂时的实际造价 466.58 万美元差额不大。工厂被拆卸后剩余的 20% 的附属设备，包括制造氧气机一套，木工、修理汽车工具、电气机器一部，电线一条，200 瓦蒸汽发动机一具，以及部分厂房，④ 总造价远不足 420 万美元。一个可能的解释是，当时恶化苏联与中国新疆关系的当事人是盛世才，国民政府尽管在背后给予了一定支持，但是有限

---

① М. Рабинович, Ю. Бельчич, *Наши в Синьцзяне*, Техника-Молодежи, 2009, №8.
② 沈志华：《俄国解密档案：新疆问题》，新疆人民出版社，2013，第 148 页。
③ 蔡锦松：《新疆迪化飞机制造厂易手始末》，《民国档案》1996 年第 3 期。
④ 秦孝仪：《中华民国重要史料初编——对日抗战时期》第 3 编，"战时外交"，中国国民党中央委员会党史委员会，1981，第 451 页。

度，且没有直接出面。从两国关系的大局考虑，国民政府不愿因新疆问题与苏联搞得太僵，不能使中苏关系进一步恶化，购买飞机厂剩余设备是一种姿态。可以看出，国民政府一方面想借盛世才与苏联关系恶化的机会恢复中央政府对新疆的管辖；另一方面想维持与苏联的关系。看来，飞机厂还留给我们一些需要研究的问题。

另外，装配好的飞机中方没有要，苏方也未给，这与8000万美元贷款未使用有什么关系？从本文所述的情况看，苏方在卫国战争开始前实际上已基本停止向中国提供军事物资，那么，这一停止的原因是苏方的"不给"，还是国民政府的"不要"，从现有研究成果看也并不很清楚。国共关系的恶化、卫国战争的开始等解释看似有理，但仔细分析，似乎站不住脚，因此，也需要做进一步研究。

阿富汗毒品问题的缘起与发展
——苏联入侵前的鸦片形势（1919~1979年）

李昕韡

（凯里学院，贵州 凯里，556011）

【摘　要】　阿富汗是世界上最大的鸦片产地，毒品问题由来已久，肇始于20世纪初，爆发于苏联入侵阿富汗期间。在阿富汗战争爆发前，该国政府基本能实现有效管理，但各种内外因的共同作用使得毒品问题日益严重，阿富汗战争期间毒品形势一度失控。研究这一阶段阿富汗的鸦片形势可以得出如下结论：以鸦片为代表的阿富汗毒品问题产生及发展是内外因共同作用的结果，其中大国在阿富汗的博弈起到了重要作用，甚于内因的作用；美阿建交之后，阿富汗的鸦片形势受到美国毒品政策的直接影响，推动阿富汗鸦片形势日趋恶化。

【关 键 词】　阿富汗；鸦片；大国博弈

【作者简介】　李昕韡，博士，凯里学院助教，主要研究方向：中南亚地区安全。

阿富汗是当今世界最大的鸦片产地，根据联合国毒品与犯罪问题办公室的最新数据，2015年阿富汗鸦片产量为3300吨，2014年更是达到6400吨。[①]

---

① UNODC, "Afghanistan: Opium survey 2015", http://www.unodc.org/documents/rpanc/Afg_Executive_summary_2015_final.pdf, 2015, p. 8.

阿富汗鸦片问题形成的原因有二：其一，从自然条件来看，该国的气候和地理条件适合罂粟的生长。罂粟为1年或2年生草本植物，要求雨水较少、日照长但不干燥的环境，还需要养分充足且略偏酸性的土壤。阿富汗的自然地理环境完全符合罂粟的生长需求。其二，20世纪阿富汗所处的国内及国际局势严峻。形势变化在将该国推入战乱的同时，也推动阿富汗一步步成为世界上最大的鸦片产地。

一 20世纪20年代：鸦片管控政策的最初尝试

在阿富汗尚未成为主要鸦片产地的19世纪，阿富汗鸦片即已外流，当时阿富汗鸦片的主要外流方向为俄罗斯，路线基本是向北经中亚进入俄罗斯，[①] 这种情况一直持续到20世纪。根据苏联边防部门在1925～1926年编写的资料，阿富汗鸦片是中亚地区主要的走私物。[②] 这一阶段的赫拉特、贾拉拉巴德和巴达赫尚是该国主要的鸦片生产地。[③] 同当时其他的生产国（印度、中国等）所不同的是，阿富汗在鸦片生产上拥有完全的自主权。值得注意的是，根据英国人于1929年撰写的报告，产于巴达赫尚的高品质鸦片主要流向新疆的莎车和喀什。[④]

哈比布拉·汗和阿曼努拉·汗在阿富汗近代历史中具有重要的地位，他们所推动的一系列改革措施开启了阿富汗向现代国家转变的进程，尤其是阿曼努拉·汗所实施的各项改革对阿富汗各领域起到了较大作用，他力图用一代人的时间振兴阿富汗的政治、教育、司法等各个领域。

在改革中，哈比布拉·汗和阿曼努拉·汗对阿富汗鸦片政策亦做了调

---

① Sean Duffy, *Shell Game: The U. S-Afghan Opium Relationship*, Proquest, Umi Dissertation Publishing, 2011, p. 35.
② Пограничные войска СССР 1918 – 1928. Сборник документов и материалов, М.: Наука, 1973, с. 693.
③ Sean Duffy, *Shell Game: The U. S-Afghan Opium Relationship*, Proquest, Umi Dissertation Publishing, 2011, p. 39.
④ Sean Duffy, *Shell Game: The U. S-Afghan Opium Relationship*, Proquest, Umi Dissertation Publishing, 2011, p. 52.

整,1921年,刚上台的阿曼努拉·汗便通过了《禁止吸食鸦片及相关罪行实施惩罚法》,① 这是阿富汗的第一部关于禁止鸦片滥用的法律。该阶段的阿富汗鸦片政策特点是并未禁绝鸦片种植、生产与贩运,而是将其纳入国家垄断,阿富汗政府从鸦片生产和出口中直接获利,当时阿富汗海关的税收中有5%来自鸦片出口。② 但这并不意味着阿富汗政府推动非法贩卖鸦片,因为当时国际鸦片控制体系尚处于初期阶段,并无合法鸦片生产国及非法制贩鸦片的说法,只要政府对鸦片制贩能够实施有效控制即可。

值得注意的是,国际社会当时已经注意到了阿富汗毒品生产的危害并希望该国加强管控的力度。国际联盟新成立常设中央鸦片委员会时曾邀请阿富汗派出代表参会。③ 另外,国际组织于20世纪20年代还开始对阿富汗鸦片产量进行统计并公布数据。在1921年的国联日内瓦会议上,美国学者威尔斯·格雷公布了基于英方资料统计的阿富汗鸦片产量数据——25900磅,位居世界第八,而这也是世界上第一次公布关于阿富汗鸦片产量的统计数据。④

1929年1月阿曼努拉·汗政权被巴恰·伊·沙考率领的叛军推翻,阿富汗陷入内战,他发起的一系列改革也随之中断。这场改革虽然提出了很多现代化的措施和政策,但阿富汗传统的政治、经济和社会结构并未改变,因此在改革举措触及传统社会和宗教群体利益的情况下,阿曼努拉·汗政权遭到反扑并最终失败在所难免。而沙考叛乱所导致的局势动荡使得当时阿富汗鸦片管控失效、毒品走私泛滥,甚至出现了官员直接走私鸦片、海洛因的现象。1929年,时任阿富汗某部部长的贾拉姆·纳比勒·汗,在巴黎被法国海关发现在其通过外交邮件交付给公使馆译员的3个箱

---

① Sean Duffy, *Shell Game*: *The U. S-Afghan Opium Relationship*, Proquest, Umi Dissertation Publishing, 2011, p. 41.
② Sean Duffy, *Shell Game*: *The U. S-Afghan Opium Relationship*, Proquest, Umi Dissertation Publishing, 2011, p. 40.
③ Sean Duffy, *Shell Game*: *The U. S-Afghan Opium Relationship*, Proquest, Umi Dissertation Publishing, 2011, p. 41.
④ Sean Duffy, *Shell Game*: *The U. S-Afghan Opium Relationship*, Proquest, Umi Dissertation Publishing, 2011, p. 44.

子中有 250 公斤海洛因和少量的可卡因。①

20 世纪头 20 年间的阿富汗鸦片政策具有以下特点：第一，当权者认识到了管控鸦片制贩的必要性并制订了该国历史上第一部鸦片管控法律；第二，在构建国际鸦片管控体系时阿富汗并未被排除在外；第三，鸦片形势受到当时阿富汗国内局势变化的直接影响，1929 年叛乱导致阿富汗建立鸦片管控体系的努力全盘失败，鸦片制贩形势全面失控。

二 20 世纪 30 年代：大国博弈背景下的鸦片政策

阿富汗的混乱形势并未持续多久，1929 年 10 月，纳迪尔·沙被推举为阿富汗的新统治者，并在 1930 年 9 月的完全支尔格大会上确认了统治地位，② 至此阿富汗在经历了十个月的内战之后再度获得稳定。在统治期间，纳迪尔·沙也进行了一些改革，其中包括颁布新的宪法以及成立阿富汗国民银行，这一银行在日后的美国—阿富汗鸦片贸易中扮演了重要角色。

在纳迪尔·沙之后，阿富汗进入了较为稳定的查希尔统治时期，查希尔自 1933 年成为阿富汗国王后一直统治阿富汗，直到 1973 年被达乌德推翻。在查希尔国王长达 40 年的统治期间，阿富汗基本实现了稳定与发展，同时该国的鸦片生产和政策也经历了较大变化，主要因素是美阿关系的变化。

20 世纪 30 年代的阿富汗鸦片形势有两个主要特点。第一，鸦片是阿富汗的主要出口商品之一。根据美国国务院的资料，1931 年阿富汗向鸦片征收的出口税为 30%，是当时阿富汗政府的财政收入来源之一。第二，阿富汗继续保持着地区主要鸦片生产国的地位，根据 1932 年英国政府的数据，该年度阿富汗鸦片产量为 70 吨。③

---

① Sean Duffy, *Shell Game: The U.S-Afghan Opium Relationship*, Proquest, Umi Dissertation Publishing, 2011, p. 51.
② 〔英〕沙伊斯塔·瓦哈卜、巴里·扬格曼：《阿富汗史》，杨军、马旭俊译，中国大百科全书出版社，2010，第 123 页。
③ Sean Duffy, *Shell Game: The U.S-Afghan Opium Relationship*, Proquest, Umi Dissertation Publishing, 2011, p. 57.

20世纪30年代阿富汗在外交上获得了很大突破，其中与鸦片息息相关的两项成就是1934年加入了国际联盟，以及在同一年与美国建立了外交关系，这对阿富汗的鸦片政策造成了很大影响，阿富汗进入了当时正在形成的国际毒品管制体系，国际联盟是主要的负责部门，加入了国际联盟之后，阿富汗自然也被纳入这一进程之中，这对阿富汗的鸦片管制政策造成了直接影响，如1934年阿富汗政府公布禁令，禁止进口包括毒药、鸦片、吗啡、可卡因、大麻、葡萄酒在内的物品。① 但是这一政策并未管制鸦片类物品的出口，因此在禁毒史研究中，一些专家认为该政策强化了阿富汗政府在鸦片领域的垄断地位。随后，1935年6月阿富汗加入了《限制麻醉品制造与销售1931年公约》，② 并于1936年派遣阿富汗驻国际联盟代表穆罕默德·奥马尔·汗参加抑制危险药物非法贩运常设委员会。③ 表1显示了1937~1940年阿富汗政府申报的鸦片产量。

表1 阿富汗政府申报的鸦片产量（1937~1940年）④

单位：公斤

年份	1937	1938	1939	1940
产量	26302	32140	8920	11196

但是，在美阿建立外交关系之初，美国就对阿富汗政府对鸦片的管控措施充满怀疑，一是怀疑阿富汗政府公布的数据远低于实际的鸦片生产数量；二是美认为当时阿富汗鸦片的最大买家是苏联。美方称，1938年苏联购买了50吨阿富汗鸦片，⑤ 3年中苏联共购买了90吨阿富汗鸦片，并且在

---

① Sean Duffy, *Shell Game: The U.S-Afghan Opium Relationship*, Proquest, Umi Dissertation Publishing, 2011, p.58.
② 《国际联盟官方资料》第16卷, 1935, 第896页。
③ 《国际联盟官方资料》第17卷, 1936, 第977页。
④ Sean Duffy, *Shell Game: The U.S-Afghan Opium Relationship*, Proquest, Umi Dissertation Publishing, 2011, p.60.
⑤ UNODC, "Opium production throughout the world", http://www.unodc.org/unodc/en/data-and-analysis/bulletin/bulletin_1949-01-01_1_page005.html#f26, Jan.01, 1949.

整个 30 年代，鸦片是苏联从阿富汗进口的第三大农产品。① 为何美国对于苏联购买阿富汗鸦片一事如此敏感？第一，鸦片能够提取吗啡，这使鸦片成了各国的战略储备物资，而且阿富汗鸦片的吗啡含量是全球最高的。美国等西方国家敌视苏联，对其各种举措都十分敏感，这使美国开始怀疑苏联购买并储存阿富汗鸦片的动机何在。第二，当时的美国政府也积极利用毒品问题和政策为其全球战略服务。1930 年起担任美国联邦麻醉品局首任专员的哈里·安斯林格希望强化禁毒机构在美国强力部门中的地位和作用，并同埃德加·胡佛所领导的联邦调查局相竞争，并且当时的美国政府也积极利用毒品问题和政策为其全球战略服务，正在构筑美国全球鸦片贸易和政策制定垄断地位的安斯林格自然不希望苏联在阿富汗鸦片贸易中插进一脚。第三，阿富汗的地缘战略位置重要，同苏联直接接壤，同时还处于亚欧大陆的核心地带，同时鸦片也是阿富汗的重要出口商品，如果苏联通过加强与阿富汗的鸦片贸易从而进一步强化同阿富汗的关系，甚或将阿富汗纳入其势力范围，这将是美国等西方国家绝不希望看到的。因此美阿建交之后，特别是到了 20 世纪 40 年代，鸦片贸易成为两国关系中的重要内容，并极大影响了阿富汗鸦片生产形势及政策。

三 20 世纪 40 年代：美阿鸦片贸易领域的合作

20 世纪 40 年代的美阿关系发展迅速，这是由当时的世界战略环境以及两国关系的发展阶段所决定的。实际上美阿两国早在 1922 年便有了外交接触，1934 年两国正式建交，1936 年签署了一份友好条约，但直到 1942 年美国才正式任命常驻阿富汗大使。② 两国关系迅速发展的原因，从阿富汗的角度来看，自 20 世纪 30 年代起，阿富汗暂时从大国博弈的局面中摆

---

① Sean Duffy, *Shell Game: The U.S-Afghan Opium Relationship*, Proquest, Umi Dissertation Publishing, 2011, p.69.
② 〔英〕沙伊斯塔·瓦哈卜、巴里·扬格曼：《阿富汗史》，杨军、马旭俊译，中国大百科全书出版社，2010，第 128 页。

脱出来，获得了一段战略喘息期。但当时执政的查希尔国王对英国和苏联都抱有戒心，希望借助其他大国的力量和影响力来制衡英苏两国，美国和德国都是当时阿富汗所面临的选择。从美国角度来看，建交初期美国并未将阿富汗看作有战略和经济价值的国家，对于发展两国关系并不积极。与此同时，德国却积极强化同阿富汗的关系，当时德国同阿富汗之间并不存在历史问题，阿富汗人甚至对德国人颇有好感。阿富汗同德国的经济关系得到了快速发展，1937 年汉莎航空开通了欧洲唯一一条直达喀布尔的航线，各种贸易得到极大发展，其中也包括鸦片。有资料显示，仅 1935 年和 1936 年，德国每年平均购买 1.5 吨阿富汗鸦片。① 除此之外，德国为扩大影响，还在阿富汗知识分子中宣传种族主义思想，宣称普什图人是"原始的雅利安人"，这种思想流毒甚深，对阿富汗民族关系和政局走向产生了极为不利的影响。当时，德国为阿富汗树立起一个典范形象：既是从老牌帝国控制下独立的现代化的典范，也代表着一条同时避免苏联影响和反传统因素的道路。② 在德国的影响下，阿富汗一度有成为德意日同盟一员的可能：德国驻阿富汗大使曾经通报政府，认为阿富汗有可能加入轴心国组织。③ 为帮助阿富汗同苏联周旋，德国曾于 1936 年提供给阿富汗 2700 万马克长期贷款用于购买武器，④ 这只是当时德国对阿富汗进行军事援助的其中一项。1939 年阿富汗最大的外国人群体便是德国人，在商业机构的身份掩护下，阿勃韦尔⑤、帝国保安总局、外交部情报处⑥等德国情报机构在阿富汗的活动相当活跃。

---

① UNODC, "Opium production throughout the world", http://www.unodc.org/unodc/en/data-and-analysis/bulletin/bulletin_1949 - 01 - 01_1_page005.html#f26, Jan. 01, 1949.
② 〔英〕沙伊斯塔·瓦哈卜、巴里·扬格曼：《阿富汗史》，杨军、马旭俊译，中国大百科全书出版社，2010，第 128 页。
③ 〔英〕沙伊斯塔·瓦哈卜、巴里·扬格曼：《阿富汗史》，杨军、马旭俊译，中国大百科全书出版社，2010，第 129 页。
④ 〔英〕沙伊斯塔·瓦哈卜、巴里·扬格曼：《阿富汗史》，杨军、马旭俊译，中国大百科全书出版社，2010，第 129 页。
⑤ 阿勃韦尔——Abwehr，又称帝国军事情报局，纳粹德国军事情报机构，存在于 1921~1944 年，领导人为卡纳里斯。
⑥ Sean Duffy, *Shell Game: The U.S-Afghan Opium Relationship*, Proquest, Umi Dissertation Publishing, 2011, p. 74.

第二次世界大战爆发之后,美国迅速加强了对阿富汗的重视,其战略重要性得以提高。一方面,美国担忧阿富汗与德国的密切关系,以及其加入轴心国的倾向;另一方面,随着二战战局的变化,美国希望在阿富汗开辟向中国、苏联施加援助的路线。美阿关系在珍珠港事件爆发前后迅速升温。一方面,1942年,美国任命科尔恩柳斯·凡·赫美特·恩格特为首任美国常驻阿富汗全权大使。另一方面,两国在各领域的合作迅速启动,其中也包括鸦片贸易。安斯林格在1942年加强了对美国国务院的游说,并开始购买阿富汗鸦片。

安斯林格这样做的原因有三:首先,鸦片是阿富汗重要的出口商品,加强同阿富汗的鸦片贸易可以极大强化美阿经贸关系,迅速提高美国在阿富汗尤其是在阿富汗政府高层中的影响力。因为当时阿富汗的鸦片贸易是由政府垄断的,主要是由纳迪尔·沙于1931年设立的阿富汗国民银行(Banki Milli,主要从鸦片种植中征收10%的从价税)[1]和1930年设立的商业垄断机构Sherkat-i-Ashami-Afghan来控制。1938~1944年,阿富汗王室成员通过这两家机构从鸦片贸易中获利丰厚,而这正好也同美阿强化鸦片贸易关系的时间段(1935~1944年)大抵相重合。[2]其次,二战的爆发给了安斯林格构建以美国为主导的世界毒品政策体系的极好的机会,作为地区主要鸦片生产国,发展同阿富汗的鸦片关系也在安斯林格的考虑范围之内。最后,提高鸦片储备是美国应对战争爆发的必然举措。二战期间,鸦片被作为重要战略储备物资存放在美国财政部的金库之中,[3]主要用以提取吗啡,而阿富汗鸦片的吗啡含量极高(巴达赫尚鸦片吗啡含量为18%,位居世界第一),[4]自然受到美国的重视。

---

[1] Sean Duffy, *Shell Game: The U.S-Afghan Opium Relationship*, Proquest, Umi Dissertation Publishing, 2011, p. 71.
[2] Sean Duffy, *Shell Game: The U.S-Afghan Opium Relationship*, Proquest, Umi Dissertation Publishing, 2011, p. 71.
[3] Sean Duffy, *Shell Game: The U.S-Afghan Opium Relationship*, Proquest, Umi Dissertation Publishing, 2011, p. 82.
[4] Sean Duffy, *Shell Game: The U.S-Afghan Opium Relationship*, Proquest, Umi Dissertation Publishing, 2011, p. 131.

随着二战战局日益严峻，英、苏、美等国也日益加大对阿富汗施加压力。1940 年 8 月 17 日，查希尔国王颁布"法尔曼"（敕令），宣布在战时阿富汗将严守中立。1941 年苏德战争爆发之后，阿富汗结束了同德国之间的紧密关系，德日等国无法再获得购买鸦片的皇家许可，两国甚至曾经试图通过无证渠道购买鸦片。

美国同阿富汗在 1942~1943 年开始谈判购买鸦片的事宜，起初阿方要价过高，但经过谈判，1943 年 3 月双方达成协议，美国以 18.75 美元/公斤的价格购买了首批阿富汗鸦片，并且由于美国购买量增加，该年度阿富汗鸦片的出口量增加了 2 倍，① 两国之间密切的鸦片贸易关系一直延续到 1944 年。

这一阶段鸦片领域的对外合作对未来阿富汗鸦片制贩形势和政策具有重大意义，二战期间鸦片成为阿富汗经济的强大支柱，是阿富汗在 1937~1944 年保持贸易顺差的主要原因之一。② 与此同时，这也使鸦片制造贸易及相关产业在阿富汗经济体系中的地位日益重要，成为日后该国衍生出"毒品经济"的历史基础之一。除此之外，更为重要的是在这一阶段美国购买了大量阿富汗鸦片，使得阿富汗从区域性鸦片贸易国正式转变为全球鸦片贸易国。

四 战后美国态度的变化和阿富汗鸦片政策的失败

1944 年之后，美阿密切的鸦片贸易合作关系发生了极大变化，美国购买鸦片的意愿逐渐降低，鸦片价格也被压低。1944 年，时任阿富汗驻纽约领事穆罕默德·奥马尔发现美国制药商不愿以上一年相同的价格购买鸦片，他就此同美国国务院官员乔治·摩洛克会面，试图打破鸦片交易的这

---

① Sean Duffy, *Shell Game: The U.S-Afghan Opium Relationship*, Proquest, Umi Dissertation Publishing, 2011, p.93.
② Sean Duffy, *Shell Game: The U.S-Afghan Opium Relationship*, Proquest, Umi Dissertation Publishing, 2011, p.71.

一停滞局面,① 但并无关于此次会面取得任何成效的记录。美阿鸦片领域的合作关系发生变化,原因主要在于二战战局的发展和国际战略格局的变化。

第一,此阶段欧洲战事已发生变化,同盟国方面取得上风,美认为其鸦片库存量已经足够,没有必要继续大量增加。

第二,随着战局变化,美国已经能够从印度、伊朗和土耳其进口鸦片,而不像战争初期那样仅能从阿富汗购买鸦片,并且1944年土耳其的鸦片获得了丰收,打破了阿富汗在鸦片市场上的垄断格局。

第三,美国对阿富汗政府的鸦片管控能力十分怀疑,当时美国国务院出具的报告认为阿富汗的鸦片管控力度过于宽松,当时喀布尔的鸦片黑市上,每磅鸦片的价格比官价低3~5美元;② 并且在阿富汗有大量的非官方交易网络,主要是在普什图人地区,这些地区错综复杂的部族关系网和落后的道路交通系统使鸦片管理官员难以抵达并有效管控鸦片制贩。除此之外,美国认为,阿富汗官方不愿意承认国内存在非法贩运及吸食鸦片的情况。1944年时任美国陆军部部长帕特里克·杰伊·赫尔利在访问中国之前,曾经到访阿富汗并在喀布尔停留了6天,他在访阿报告中称,并未看到阿富汗有效管控鸦片和实行禁毒立法。这进一步加深了美国官员对阿富汗政府在鸦片管控力度上的怀疑。

第四,随着国际局势变化,阿富汗对美国的战略重要性大幅度降低,二战结束后甚至遭到美国的忽视。1950年美国参谋长联席会议的一份情报分析报告认为,阿富汗对美国而言只有很小甚至说没有战略重要性。③

第五,美国此时已开始谋划构建战后国际格局,安斯林格则希望通过构建美国主导下的全球麻醉品垄断体系来配合美国的整体战略,自然不希望阿富汗进一步扩大生产,在鸦片贸易上牵制和打压阿富汗是安斯林格在

---

① Sean Duffy, *Shell Game*: *The U. S-Afghan Opium Relationship*, Proquest, Umi Dissertation Publishing, 2011, p. 112.
② Sean Duffy, *Shell Game*: *The U. S-Afghan Opium Relationship*, Proquest, Umi Dissertation Publishing, 2011, p. 94.
③ Sean Duffy, *Shell Game*: *The U. S-Afghan Opium Relationship*, Proquest, Umi Dissertation Publishing, 2011, p. 169.

这一阶段所希望达成的目标。

  与安斯林格的战略目标相一致的是,美国于1946年便通过刚成立的联合国作出决议,禁止非医疗及科研用途的鸦片应用及贸易,规定只有少数国家可以合法出口鸦片。一方面,美国通过此手段来扩大鸦片储备,并强化美在麻醉品管理和流通领域的垄断地位;另一方面,这一政策便于美国通过拟定合法鸦片生产国名单来为自身战略利益服务。

  阿富汗政府当时也意识到了美国的政策方向,在整个40~50年代都在积极争取合法鸦片生产国的地位,甚至为表示对美国构建的全球禁毒体系的支持,时任阿经济部部长阿卜杜勒·马吉德·扎布里宣布了该国第一个全面鸦片禁令,这一决定给阿富汗经济造成了极大影响,因为当时鸦片是阿富汗对外贸易的主要商品,同时鸦片产业也是该国支柱性产业之一。但阿富汗并未能抓住此历史机遇,在1946年的联合国禁毒会议上根本未讨论阿成为合法鸦片生产国的议题。出现这种状况主要有以下原因:第一,当时阿富汗皇室内部出现危机,查希尔国王的堂弟穆罕默德·达乌德·汗成为首相,① 阿富汗政府忙于处理内部问题,无暇参加会议;第二,当时美苏之间暗流涌动,此次会议成了两大国争夺霸权的平台之一。

  还应当注意到当时美国国内及国际政策的影响。1950年,麦卡锡主义在美国大肆蔓延,对共产主义的敌视及妖魔化宣传贯穿当时美国的对内和对外政策之中。在联合国鸦片会议召开的同时,安斯林格还曾在参议院声称新中国每年生产6000吨鸦片,且大部分以海洛因的形式走私到西方毒害"自由世界"。② 因此,当时苏联牵头社会主义阵营集体抵制此次会议,使《1953年鸦片协约》完全在安斯林格的操纵下出台,③ 但苏联在未参会的情况下仍然同美国交换了利益,使得社会主义阵营中的苏联、南斯拉夫和保加利亚三国仍然被列入合法鸦片生产国名单。世界鸦片生产国被严格限

---

① 〔英〕沙伊斯塔·瓦哈卜、巴里·扬格曼:《阿富汗史》,杨军、马旭俊译,中国大百科全书出版社,2010,第134页。
② 张勇安:《冷战、毒品与美国对新中国的想象》,《中国社会科学报》2010年1月28日。
③ Sean Duffy, *Shell Game: The U. S-Afghan Opium Relationship*, Proquest, Umi Dissertation Publishing, 2011, p. 136.

定为 7 个国家：保加利亚、希腊、印度、伊朗、土耳其、苏联和南斯拉夫。①

1953 年之后，阿富汗并未放弃成为合法鸦片生产国，而安斯林格的态度在 1955 年有所"软化"，允许阿富汗小面积地恢复鸦片种植。安斯林格态度"软化"的原因主要在于，1944~1955 年美国对阿富汗的忽视使阿逐步开始倒向苏联，尤其是拒绝阿富汗成为合法鸦片生产国、拒绝向阿提供军事援助，使阿富汗同苏联的关系日益密切。1954 年达乌德开始不断深化同苏联等社会主义阵营国家在贸易、发展、军事装备等方面的合作，而这令当时同苏联正处于"零和博弈"背景之下的美国极为紧张，因此 1955 年安斯林格调整了对阿富汗鸦片问题的态度。

但是，阿富汗的各种努力并未使该国抓住历史机遇。安斯林格以"程序复杂"为由拒绝修订《1953 年鸦片协约》，阿富汗再度被挡在合法鸦片生产国的大门之外。而 1961 年签署的《麻醉品单一公约》（这是全球禁毒体系的基础性文件之一）中，阿富汗同样未能被纳入合法鸦片生产国的行列，至此该国完全丧失了在构建战后世界禁毒体系时成为合法鸦片生产国的历史机遇。

美国对于不将阿富汗列为合法鸦片生产国给出的理由是，阿政府未能有效管控鸦片走私，对达乌德曾于 1954 年宣布全国禁毒政策的努力视而不见。实际上，在 1957~1960 年阿富汗的鸦片查缉量位列世界第二（见表 2）。②

同时，还有证据表明当时阿富汗鸦片外流情况并不像美国宣称的那么严重。当时伊朗科学家在联合国专家的帮助下发明了吸收分光光度法，并应用此技术对缴获的鸦片进行分析。对实验样本的分析比对结果表明仅有 3 份样本来自阿富汗。③

---

① UNODC, "United Nations Opium Conference: Protocol and Final Act of 23 June 1953", http://www.unodc.org/unodc/en/data-and-analysis/bulletin/bulletin 1953 - 01 - 01 3 page015.html#s0007, Jan. 1, 1953.

② Sean Duffy, *Shell Game: The U.S-Afghan Opium Relationship*, Proquest, Umi Dissertation Publishing, 2011, p.161.

③ UNODC, "Limitation and control of natural narcotics raw materials", http://www.unodc.org/unodc/en/data-and-analysis/bulletin/bulletin_1963 - 01 - 01_2_page004.html, Jan.01, 1963.

表 2　阿富汗鸦片出口量（出口至吗啡制造国）及鸦片
查缉量（1957~1961 年）①

单位：公斤

年份	1957	1958	1959	1960	1961
鸦片出口量	6949	7119	无数据	982	无数据
鸦片查缉量	0	438	381	636	5888

总体而言，处于美苏夹缝中的阿富汗，鸦片政策和形势自然不可避免地受到两国争霸大背景的影响。一方面美国对苏阿关系的发展深感担忧。苏联截至 1979 年共为阿富汗提供了 10 亿美元的军事援助及 12.5 亿美元的经济援助，与此同时美国提供的援助资金还不到 5 亿美元。② 另一方面，美国通过"赫尔曼德河谷工程"，带动扩大对阿援助，希望借此提高对阿富汗的影响。但是该工程由于前期规划不足、阿富汗自身工程及行政资源不够、贪腐问题等影响最终未能完工，并且还使赫尔曼德地区的土壤出现盐碱化问题，最终的结果是——赫尔曼德省成为阿富汗最主要的鸦片产地，因为该地的土壤酸碱度发生了改变，除了罂粟之外，其他作物无法正常生长。

美苏在阿富汗争夺影响力也给阿带来了一系列好处，如两国分别在阿富汗援建了大量公路和机场项目，极大地推动了阿富汗国内同周边国家之间的人口、物资大流动。但与此同时，这给阿富汗的毒品贩运也带来了便利。到 20 世纪 70 年代阿富汗已经成了毒品贩运枢纽，特别是当时的喀布尔—苏联—欧洲贩毒线路受到毒贩的青睐，因为西方的缉毒官员对于"来自铁幕背后的人"警惕程度很低。③

总体而言，20 世纪 40 年代末到 60 年代的阿富汗鸦片政策是为阿政府对外政策服务的，主要目标是力争成为合法鸦片生产国。但阿富汗的这一

---

① Sean Duffy, *Shell Game*：*The U.S-Afghan Opium Relationship*, Proquest, Umi Dissertation Publishing, 2011, p.161.
② 〔英〕沙伊斯塔·瓦哈卜、巴里·扬格曼：《阿富汗史》，杨军、马旭俊译，中国大百科全书出版社，2010，第 135 页。
③ Sean Duffy, *Shell Game*：*The U.S-Afghan Opium Relationship*, Proquest, Umi Dissertation Publishing, 2011, p.191.

战略诉求被美国操纵和忽略，最终严重损害了阿方利益，而这也成了阿富汗鸦片形势急剧恶化的主要原因之一。

五 结语

纵观20世纪初到60年代的阿富汗鸦片管控政策发展历程，可以得出以下结论：首先，当时的阿富汗政府并未对鸦片问题放任自流，多次出台各项鸦片管控政策和措施，以求建立起较为完善的鸦片管控体系；其次，阿富汗鸦片问题的滋生与蔓延与大国操纵及竞争关系密切，其中美国起到重要作用；最后，内政外交的失败使阿富汗鸦片问题难以控制，阿富汗未能成为合法鸦片生产国，同时国内政局不稳定，不仅严重影响了阿富汗正常的经济和政治生活，更对未来阿鸦片形势的失控造成了深远影响。

20世纪是阿富汗毒品问题产生和发展时期，这一进程同阿富汗政局演变过程密切相关，并受到国际格局变化大背景的直接影响。苏联入侵阿富汗之后，毒品形势进入了一个剧烈变动时期，长期的战乱导致民不聊生，该国最终成了世界最大的毒源地，给阿富汗及周边乃至世界的稳定带来了巨大危害。可以说，20世纪前半期阿富汗国际、国内形势的演变为这一结果奠定了基础。

西方援助在阿富汗的"恶性循环"

富育红

(吉林大学公共外交学院,吉林 长春,130012)

【摘　要】 多年来,以美国为首的西方国家对阿富汗提供大量援助,在阿国家重建中发挥了不可或缺的作用。同时,部分外援国基于自身利益而非当地民众需求而展开的援助活动,也经常产生大量互为冲突的结果,以致它们的干预活动越多,阿富汗内部的关系就可能越为紧张。其中,西方国家对阿富汗援助存在着分散化与地方化、政治化与军事化的特点,加之其在当地产生的"援助诅咒",与阿国内安全与发展困境交织而形成某种"恶性循环",进一步制约着外援效果,不利于阿早日实现稳定与发展。

【关 键 词】 西方;阿富汗;外部援助;困境

【作者简介】 富育红,国际关系学博士,吉林大学公共外交学院讲师,主要研究方向:中亚问题。

一　前言

2002年阿富汗卡尔扎伊过渡政府成立以后,国际社会支持下的阿富汗战后重建进程日渐推进,外部援助在阿国家重建各领域发挥了不可或缺的作用,特别是阿国家经济与政府机构的正常运转,国家军队、警察和武器装备等强制性力量的能力建设，都离不开外国的资助。多年来，围绕着对阿富汗提供援助等议题的国际会议已举行多次，国际社会对阿富汗问题的解决十分重视。

在国际社会中，美国是阿富汗最大的外部援助国，阿富汗也是美国对外援助中最主要的受援国。随着奥巴马政府上台以来对阿富汗政策的调整，以及美军阿富汗行动任务重点从反恐向平叛运动的转换，美国逐渐认识到外部援助对于巩固军事成果、赢得阿富汗民心的重要性。截至2014年9月底，美国已在阿富汗救援与重建中投入约1041亿美元。在美国援助阿富汗的资金中，约70%被用于支持阿富汗国家安全力量建设，其中还包括训练警察与禁毒行动（见表1）。[①] 另外，其他西方国家、周边大国以及众多国际非政府组织在阿富汗的援助活动也十分引人注目。

表1 美国援阿资金的配置情况

单位：百万美元

年度 事项	2002	2004	2006	2008	2010	2012	2013	投入总额
安全	57.4	564.8	1909.1	2751.7	9168.5	9201.2	4947.6	58839.4
治理/发展	195.9	1355.5	950.8	2161.6	4577.7	2952.0	2340.2	29970.1
禁毒	60.6	295.5	364.4	546.4	1000.5	800.4	907.2	7545.9
人道主义	595.5	204.9	150.2	281.1	169.7	215.9	145.2	2835.1
民事项目	155.6	212.4	131.9	449.3	1796.1	1487.4	1347.6	8914.3
总额	1065	2633.1	3506.4	6190.1	16712.5	14656.9	9687.8	108104.8

资料来源：Catherine Lutz, Sujaya Desai, "US Reconstruction Aid for Afghanistan: The Dollars and Sense", January 5, 2015, pp. 2-3, http://www.costsofwar.org/sites/default/files/articles/24/attachments/LutzDesaiFINAL%20.pdf。

总体上，在国际社会的大量援助下，阿富汗国家重建取得了不少可喜进展，如居民工资水平和家庭开支总体上得到了一定的提高，道路和

---

① Catherine Lutz, Sujaya Desai, "US Reconstruction Aid for Afghanistan: The Dollars and Sense", January 5, 2015, pp. 2-3, http://www.costsofwar.org/sites/default/files/articles/24/attachments/LutzDesaiFINAL%20.pdf.

通信等基础设施建设取得了显著改善，医疗保健惠及范围不断扩大，女性在社会中的地位与权利等亦获得了很大提升。然而，阿富汗作为世界上最不发达国家之一的地位并未改变。在经济上，经历了旷日持久的战乱，阿富汗至今未能形成内生型的经济增长机制，国内经济缺乏活力，即便在外部援助不断的情况下，也难以实现可持续的增长。据世界银行估计，阿政府支出的60%以上仍来自国际援助。① 在社会层面，阿富汗文盲率、人均寿命、用电范围及网络覆盖率等仍位居世界末端。而且，尽管教育在阿各地区有所普及，但教学质量仍低于世界一般水平。有学者曾指出，在外界大谈阿富汗学校女生就学率增加时，很少有人关心这些学生能真正学到什么。② 另外，由于冲突频发、腐败蔓延以及经济机会匮乏，许多民众被迫逃离国家，导致国家发展所需人力资源短缺。③ 在政治与安全方面，国际社会的大量援助未能在阿富汗建立有效的政府，也未能为民众提供充足的基本服务与安全保障。尽管超过一半的外部援助资金被投向阿富汗安全领域，但阿国家安全部队仍然无法有效保卫国土免遭反叛分子侵扰，也无力解决大范围出现的有组织犯罪问题。

在学术界和政策界，关于对阿富汗提供援助的讨论很多，同时，对该国外部援助体系质疑的声音也不断浮现。可以说，外界对援阿项目的描述与地面现实往往存在很大差距。国际人权观察组织常驻阿富汗代表希瑟·巴尔（Heather Barr）甚至将对阿富汗援助称为"研究如何不去提供援助的极好案例"，并称西方援助在阿富汗制造了很多负面问题。类似的，前美国大使艾肯伯里（Eikenberry）也提到，西方国家在阿富汗制造了扭曲的战争经济。世界银行将阿富汗对外部援助的高度依赖形容为"绝无仅有"，

---

① 杨迅:《阿富汗安全堪忧经济重建艰难，总统赴美寻求援助》，2015年3月23日，http://news.sohu.com/20150323/n410147712.shtml。

② Joel Brinkley, "Money Pit: The Monstrous Failure of US Aid to Afghanistan", *World Affairs*, January/February 2013, http://www.worldaffairsjournal.org/article/money-pit-monstrous-failure-us-aid-afghanistan.

③ Mohammad Samim, "Afghanistan's Addiction to Foreign Aid", May 19, 2016, http://thediplomat.com/2016/05/afghanistans-addiction-to-foreign-aid/.

并指出其国家治理环境日益恶化。①

可见，尽管以美国为首的西方国家为阿富汗提供了规模庞大的援助，但这种巨额援助不仅未能实现它们的预定目标，而且还在当地产生了大量负面后果，并与阿国内安全与发展困境形成了某种"恶性循环"，进一步制约着阿富汗早日实现稳定与发展。分析该问题有助于我们打开弱国外部援助体系的"黑箱"，考察对弱国开展对外援助的目标与效果之间何以存在着背离，了解阿富汗国家重建步履维艰的原因，以及加深我们对于国际政治中"硬权力"局限性的理解。

二　西方援助的分散化与地方化

西方援助阿富汗的方式存在着分散化与地方化的特点，这一特点对阿富汗产生的负面影响及其形成的"恶性循环"至少体现在如下两个方面。

（一）"双重合法性"的缺失

据悉，约80%以上的西方援助被分散于阿政府部门之外的各种行为体，其中很大一部分援助资金流向地方私人承包商和地方权力掮客。阿富汗问题专家、美国学者巴尼特·鲁宾（Barnet R. Rubin）指出，大量外援资金被投向阿富汗政府之外不计其数、互不协调的各种机构，不仅加剧了地方腐败，削弱了政府合法性，而且抑制了进一步的有效援助。② 可以说，阿富汗的外部援助还滋生了新的社会矛盾。约瑟夫·奈认为，外部援助在很多情况下不仅达不到目的，还往往适得其反。比如大型援助项目常常因

---

① Joel Brinkley, "Money Pit: The Monstrous Failure of US Aid to Afghanistan", *World Affairs*, January/February 2013, http://www.worldaffairsjournal.org/article/money-pit-monstrous-failure-us-aid-afghanistan.

② Shahmahmood Miakhel, "Challenges and Dilemmas of Reconstruction and Institution-Building: Social, Economic and Political Factors", in Binoda Kumar Mishra ed., *Reconstructing Afghanistan: Prospects and Limitations* (Kolkata: Maulana Abul Kalam Azad Institute of Asian Studies, 2011), pp. 27 – 29.

为扰乱地方政治平衡和滋生腐败而在地方群体中引发嫉妒、冲突和怨恨。①而在学者惠特妮·阿索伊（Whitney Azoy）看来，大量外部援助使阿富汗各地方社区的财富规模剧增，地方强人对于资源与权力的争夺也更为激烈，致使部落权力体系处于不断变动之中。② 更为重要的是，这些情况还导致政府与民众之间的关系更为疏远，以及使中央从地方汲取资源的能力进一步遭到削弱。

从外援国角度来看，部分国家在阿富汗的政策优先性主要建立在与其利益相关的地区发展方面。比如伊朗大力援建与之相邻且存在密切联系的赫拉特地区，俄罗斯、中亚国家和印度加大了在阿富汗北方非普什图地区的投入，土耳其重点支持阿乌孜别克族居住区等，这种局面将加剧阿富汗各地区经济的不平衡发展，以及各地区关系的紧张与分裂，甚至招致南部地区广大普什图族民众的不满。

阿富汗加尼总统在其著作《失败国家：破碎世界的重建体系》中曾提到：

> ……在依赖外援的国家，利益是以一种不连贯的方式疏导的。援助者在受援国的存在不可避免。援助国和援助机构的标志随处可见，它们强调着机构、责任和法治的"碎片化"状态。每个援助者都有自己不同的采购程序和承包安排，每个援助者都要求法律豁免权，他们一边消耗着政府的潜能，一边谴责着政府的无能……他们制造了大量平行于政府的机构……通常情况下，外部援助者的采购规则是为了推动本国的某特定行业，遵循着自己的法律体系。如果外部援助体系协调统一，那么政府核心机构的改革就能顺利实施。而且，每个外部援

---

① 约瑟夫·奈还特别援引了一位观察家的话："如果能够从目前仍然不确定的成功中吸取一些经验教训，那就是小项目通常最有效，地方民众的赞同和参与必不可少，每前进一小步都需要很长的时间。"参见〔美〕约瑟夫·奈：《权力大未来》，王吉美译，中信出版社，2012，第112页。

② Whitney Azoy, "Reputation, Violence and Buzkashi", in Conrad Schetter, *Local politics in Afghanistan: A century of intervention in social order*, New York: Columbia University Press, 2013, p. 98.

助者都与不同的政府部门建立联盟，进一步削弱着政府内部的团结。援助者制造了分裂与混乱……①

另外，在某种程度上，由于西方国家在阿援助活动主要通过一些私人机构展开，西方部队在阿行动的合法性也遭到了侵蚀。时任美国大使、前高级外交官扎勒迈·哈利勒扎德（Zalmay Khalilzad）曾警告说，与阿富汗地方私人承包商的合作损害了美国在阿富汗任务的可信性。② 针对阿富汗外援体系存在的这些情况，巴尼特·鲁宾提出了"双重合法性"的概念，用以形容弱国政府的合法性与外部援助合法性之间不可分割的关系。③ 而阿富汗的现实情况却是，西方援助国及其支持下的阿中央政府互为加剧着彼此的合法性缺失状况。

（二）"双重矛盾"的确立

一方面，外部援助者互不协调的援助方式，部分体现出各国对阿富汗重建进程的主导权之争。首先是外部国家之间的竞争。一些外援国为提高自身利益及遏制对手影响力，为阿富汗提供大量援助。如前所述，很多国家在阿富汗的政策优先性也落实于与其利益相关的地区发展上。基于此，相关国家竭力主导阿富汗重建进程，不仅竞相拉拢或影响阿富汗国内政治势力，而且试图通过影响地区官员任命等方式实现自身利益最大化，即使在北约内部也存在着这种情况。而美军在阿富汗战争后期实现了对北约部队的统一指挥权，并致力于在阿富汗重建进程和西方军事行动中发挥主导作用。可见，外部国家之间的竞争使阿富汗陷入一种既依赖外部援助，同时又处于多个权力控制者竞相争夺主导权的恶性循

---

① Ashraf Ghani, Clare Lockhart, *Failed States: A framework for rebuilding a fractured world* (Oxford University Press, 2008), pp. 100 – 109.
② Crisis Group Asia Report N. 210, "Aid and Conflict in Afghanistan", August 4, 2011, pp. 14 – 19.
③ Astri Suhrke, "Exogenous state-building: The contradictions of the international project in Afghanistan", in Whit Mason ed., *The Rule of Law in Afghanistan: Missing in Inaction*, UK: Cambridge University Press, 2011, pp. 226 – 229.

环之中。

其次，外部援助者之间的主导权之争还部分体现于国际非政府组织之间的竞争。在"后塔利班时代"的阿富汗，主要来自美国、英国、德国和日本的非政府组织一直被视为阿富汗国家各领域重建的专业性存在。十多年来，阿富汗国家重建在经济、社会、科教与卫生等方面取得的进展，离不开这些非政府组织的努力。同时，这些（国际）非政府组织在具体实践中也带来了一些不利的影响，比如部分组织经常为获得外部资助而展开激烈竞争，或仅关注见效快的短期项目而非寻求、推动建立长期的问题解决机制，甚至还有可能成为外国政府或军队的附庸机构等。特别是驻阿西方部队军事平叛与民事发展任务的结合，使得相关国际非政府组织维持中立和独立的形象与能力受到质疑。

另一方面，在阿富汗重建进程中，外国援助者与阿富汗当地之间也存在着主导权之争的矛盾。许多外部援助者希望主导阿富汗重建进程，而阿富汗人却想要自己决定重建进程的方向并获得收益，这便加剧了他们之间的紧张关系，有时这种矛盾还会以武装叛乱活动的方式出现。而且阿富汗战争后期卡尔扎伊总统与其西方支持者之间龃龉不断也是这种困境的表现。①

外部援助者与阿富汗当地的主导权之争还存在另一个重要却相对容易被忽视的维度，即各地方援助项目存在的问题。在此本文以阿富汗"社区发展议会"（CDCs）的建立为例。国际社会及其支持下的阿富汗中央政府于2003年4月制定了覆盖全国的农村重建与发展项目"国家团结计划"（NSP），并将其作为地方社区之间以及社区与政府之间互动的基础，旨在通过阿富汗政府、国际援助者与地方村落的有效联结重新塑造地方治理结构。② 为进一步落实该项目，以美国为首的西方国家斥巨资在阿富汗各地建立了"社区发展议会"。

---

① Astri Suhrke, "Exogenous state-building: The contradictions of the international project in Afghanistan", in Whit Mason ed., *The Rule of Law in Afghanistan: Missing in Inaction*, pp. 236 – 238.
② Conrad Schetter, *Local politics in Afghanistan: A century of intervention in social order*, pp. 53 – 54.

然而，该项目在实施过程中却遭遇了一系列挑战，其中最为明显的有两点：一是社区发展议会面临着地方权力控制者的挑战。特别是阿富汗地方传统权力机构在中央政府和外部援助者的干预活动中感受到被边缘化的威胁，从而对该项目持反对态度。二是社区发展议会由于"危及"阿富汗地方传统文化而受到一定程度的抵制。与地方传统机构（如舒拉）不同，社区发展议会引进了诸如女性参与选举等与传统文化相对立的一系列价值观念。由于担心外来文化会破坏他们珍视的传统规范与价值，阿富汗各地民众参与该项目的积极性并不高。① 总体上，尽管社区发展议会具有清晰的等级与责任划分机制以及相对较高的办事效率，但它们在阿富汗地方机构中未能被充分接受（见表2）。②

表2 地方传统机构舒拉与社区发展议会的比较

	传统机构舒拉	社区发展议会
成员资格	公开	固定
法律支持	非正式传统习俗机构	政府/NGO等决策制定机构
成员资格决定因素	年龄/宗教知识/经济（社会）权力/与权威的接触	发展计划/现代教育/全体民众的代表性/与机构的接触
目标	问题解决/冲突解决	社区项目的计划与实施
功能	反应型（Reactive）	积极型（Proactive）
结构	由长老和具备行政经验的人组成的松散结构	具有主席、副主席、秘书、会计等正式职位
投票方法	讨论/举手表决	秘密投票/选举
性别	只限于男性	男性和女性都能参与

资料来源：Farhat Akram, "The Involvement of Jirga System and Role of Community Based Councils in Reconstruction of Afghanistan", in Arpita Basu Roy, Binoda Kumar Mishra ed., *Reconstructing Afghanistan: Prospects and Limitations*, p. 270。

---

① Farhat Akram, "The Involvement of Jirga System and Role of Community Based Councils in Reconstruction of Afghanistan", in Arpita Basu Roy, Binoda Kumar Mishra ed., *Reconstructing Afghanistan: Prospects and Limitations*, pp. 266 – 269.

② Shakti Sinha, "State-Building and Stabilization in Afghanistan: Design Constraints to Effectiveness", in Arpita Basu Roy, Binoda Kumar Mishra ed., *Reconstructing Afghanistan: Prospects and Limitations*, pp. 40 – 42.

这也表明，阿富汗外部援助的实施易受当地民族、部落和文化等因素的影响。人权基金会（Human Rights Foundation）主席索尔·哈尔沃森（Thor Halvorssen）就曾指出，在阿富汗所有的援助努力，都受到当地文化的影响。① 遗憾的是，在援助阿富汗的过程中，西方国家倾向于忽视宗教、民族和部落等阿富汗传统合法性来源，也未能将"善治"的理念与当地传统文化相协调，从而难以获得广大民众的支持和参与。②

三　西方援助的政治化与军事化

西方对阿富汗的援助存在着政治化与军事化的特点，这一特点对阿富汗产生的负面影响及其形成的"恶性循环"可以从如下两个方面予以考察。

（一）西方援助成为"高级政治"的附庸

以美国为首的西方国家提供的援助，常常成为其实现政治与军事目标的武器或工具，且主要体现在两个方面：一是美国巨额对外援助主要流向具有重要战略位置的国家；二是美国在对所谓的"失败国家"开展援助活动中，过度依赖军事手段，其对外援助的军事导向十分明显。在阿富汗的案例中，我们发现，在20世纪80年代，西方大国对阿富汗提供大量人道主义援助，就是它们在冷战背景下打击苏联的重要战略。苏军撤出后，尽管阿富汗人道主义灾难持续，但西方人道主义援助预算与关注却急剧下降。这也表明，西方大国的主要意图并不在于帮助阿富汗人摆脱困境。加拿大国际合作委员会主席里·巴尔（Gerry Barr）认为，在阿富汗实现安全和稳定非常重要，但这不意味着军事行动等同于发展，援助资金应当被用

---

① Joel Brinkley, "Money Pit: The Monstrous Failure of US Aid to Afghanistan", *World Affairs*, January/February 2013, http://www.worldaffairsjournal.org/article/money-pit-monstrous-failure-us-aid-afghanistan.

② Astri Suhrke, "Exogenous state-building: The contradictions of the international project in Afghanistan", p. 243.

于减少贫穷和推动发展，而非使之成为军事行动的"仆人"。① 然而，在阿富汗的环境下，援助作为"低级政治"领域的活动，却往往成为军事与政治这种"高级政治"领域的附属。

在巴尼特·鲁宾看来，国际社会在为阿富汗提供重建资金，帮助建立合法政府以及恢复安全与稳定方面能够发挥积极作用，但前提是相关国际行为体必须协调行动，并经过对象国中央政府的同意和主导。② 而且外部援助也应以当地民众的需求为基础。正如约瑟夫·奈曾指出的，援助国可以通过援助行动增强自身的硬实力与软实力，然而援助行动能否成功地转化为可以产生偏好结果的战略，则取决于能力与善意感知等因素。③ 然而，在西方援助的政治化与军事化导向之下，阿富汗接受的大部分外援属于"供给"型，也就是说，大多数外部援助计划未能充分考虑阿富汗人的根本需要，或充分咨询阿国内专家的意见，外援者的决策行动也很少得到阿富汗政府的确认。这也意味着，由于大部分外部国家援助阿富汗的动机是为了增加自身的战略利益，或弱化地区对手的影响力，而非出于真心帮助阿富汗人民改善生活，因此这些国家在阿富汗的援建项目未能充分考虑当地民众的需求。④ 而这又往往导致外部援助的效果适得其反，乃至在当地推动滋生新的社会矛盾与摩擦。

另外，当援助这种"低级政治"领域的活动成为"高级政治"的附庸后，在阿富汗国内存在的大量国际非政府组织，也通常难以保持中立而公正的形象，难以得到当地民众的信任，从而难以在当地社会经济发展中充

---

① E. Lee Berthiaume, "Afghanistan, Iraq Sucking Up Foreign Aid", *Reality of Aid Report*, http://www.realityofaid.org/2006/01/afghanistan-iraq-sucking-up-foreign-aid/.

② Astri Suhrke, "Exogenous state-building: The contradictions of the international project in Afghanistan", pp. 226 – 229.

③ Astri Suhrke, "Exogenous state-building: The contradictions of the international project in Afghanistan", p. 68.

④ 阿富汗总统加尼曾指出，阿富汗国家自然资源、矿产资源丰富，在70年代，阿富汗是全世界最大的干果出口国家之一。如果政策制定适宜，阿富汗具有发展内部市场的潜力。2002年塔利班政权倒台之后，数以万计的阿富汗年轻人希望学习英语、计算机和商业等课程。他们想要充分利用信息与机会而融入全球化浪潮。然而，知识与机会，却并非国际援助体系所能提供给阿富汗的。Ashraf Ghani, Clare Lockhart, *Failed States: A framework for rebuilding a fractured world* (Oxford University Press, 2008), p. 76.

分发挥积极作用。

(二) 西方援助与阿富汗的反叛运动

在阿富汗的案例中，尽管以美军为首的西方部队并未向塔利班反叛武装直接提供资助，但却以间接的方式为反叛武装带来规模庞大的财政收入。比如，在驻阿西方部队军用物资运输转包业务中，他们就间接资助了反叛分子。大多数物资运输承包商确信，地方运输承包商会向塔利班反叛分子实施贿赂以确保通道安全。据一位当地承包商透露，负责运输的地方军阀马蒂拉赫（Matiullah Khan）经常向塔利班支付保护费，他的武装与塔利班之间存在着"共生关系"。反叛武装在美军运输和其他援建项目中获得的安保费，成为主要的资金来源之一。不过，问题也在于美军对私人安全承包商及物资供给链的"零监管"，尽管一些承包商曾多次向美军报告资金流向反叛组织的情况，但美军官员对此"无动于衷"。① 显然，从根本上说，这种情况也部分地由西方援助的军事化导向特点所决定。而这无疑也推动了当地反叛运动及其他暴力活动的蔓延。另外，据《阿富汗时报》报道，为确保援助项目顺利进行，美国国际开发署（USAID）在阿部分地区的活动通常需要先征得塔利班的许可，这在某种程度上助长了后者的发展势头。②

另外一方面，塔利班反叛运动的增加以及暴恐活动"连绵不绝"也对外援效果形成了一定制约。研究人员实地调查与采访后发现，尽管塔利班政治领导层有条件地支持人道主义援助机构的活动，但塔利班军事指挥官、外籍战斗人员和年轻成员对这些援助机构十分不信任，甚至持有强烈的敌意。③ 同时，阿富汗境内频繁的暴力袭击事件，不仅抑制了各种援助

---

① Tashawn N. Burwick ed. , *Afghanistan*: *Key Issues and Security Force Considerations*, pp. 138 - 139.
② 《报告称部分美国对阿富汗援助助长了塔利班发展》，http://finance.sina.com.cn/roll/2015 - 12 - 20/doc-ifxmszek7391197.shtml，2015 年 12 月 20 日。
③ Ashley Jackson, "Taliban policy and perceptions towards aid agencies in Afghanistan", August 2013, http://odihpn.org/magazine/taliban-policy-and-perceptions-towards-aid-agencies-in-afghanistan/.

组织的活动与招募能力，而且也恶化了援助活动的实施环境。特别是近期驻阿西方部队与塔利班的战斗日趋激烈，加之许多援助组织和投资者的离开，导致阿富汗经济不断恶化。①

此外，对于普通阿富汗人来说，选择接受西方部队抑或反叛组织的援助，关乎"站队"的问题，然而无论站在哪一边，都意味着可能遭受另一方的威胁。② 特别是阿富汗军事行动与人道主义救援行动任务的交织，以及各种人员角色混淆的局面，可能将援助人员和当地民众置于更为不利的环境之中。

四　西方援助与阿富汗的"援助诅咒"

在某种程度上，国际社会对阿富汗的援助产生了一种"援助诅咒"，进一步制约着阿富汗国家重建与发展，且主要体现在如下几个方面。

（一）西方援助与阿富汗政府腐败

如前所述，西方援助的分散化、碎片化与非透明化，在很大程度上加剧了当地特别是各地官方机构及人员的腐败。有西方媒体报道指出，外部援助成为延续阿富汗"盗贼"政治、抑制企业发展的工具。③ 相应的，这种腐败蔓延的政治生态，也成为外部援助在阿富汗难以发挥积极成效的重大阻碍。

根据历年"透明国际"公布的国家腐败指数，阿富汗一直被评为世界上最腐败的国家之一，尤其是政府部门的腐败致使腐败文化在整个社会渗

---

① "AP Interview: Chief auditor says US must address waste, fraud in aid to Afghanistan", November 26, 2015, http://www.usnews.com/news/business/articles/2015/11/26/ap-interview-us-must-address-waste-fraud-in-afghan-aid.
② Michiel Hofman, "Dangerous aid in Afghanistan", *The South Asia Channel*, January 12, 2011, http://foreignpolicy.com/2011/01/12/dangerous-aid-in-afghanistan/.
③ VICE News, "US Aid to Afghanistan Has Largely Been Wasted and Stolen, Report Says", October 14, 2015, https://news.vice.com/article/us-aid-to-afghanistan-has-largely-been-wasted-and-stolen-report-says.

透和蔓延。联合国数据显示，2009年至2014年初，阿富汗腐败问题消耗了国家将近40亿美元的财政收入。① 在各地官员的"腐败治理"下，国家法规通常被制定和执行法律的人所触犯，官员本身成为社会"问题"的一部分，民众无法信任政府，腐败在阿富汗社会扎根并逐渐成为一种"文化"。进而，各地区负责发展项目的政府人员肆意挪用援助资金的现象频繁发生，国际社会的巨额援助难以惠及阿富汗民众。②

目前，阿富汗各地区对外国发展项目的竞争十分激烈，围绕着工程建设、交通和安保协议而出现的勒索、腐败与暴力现象难以杜绝，而且大部分阿富汗民众并不清楚国家重建资金的流向，他们对国际社会的援助也渐失信心。③ 有阿富汗问题专家说，在外国对阿安全机构的援助中，约三分之一的资金用在保护费、贿赂以及过路费上，其中"每个人都串通一气"。④ 而且，美国在阿富汗重新组建地方部落传统机制，欲使之发展为正式司法机构的努力，也由于政府的腐败和滥用职权而流于失败。⑤

另外，斯德哥尔摩国际和平研究所（Stockholm International Peace Research Institute）发布的报告显示，只有约10%的阿富汗经济属合法经济，其余都属黑市商业。⑥ 以上这些情况不仅不利于阿富汗国家经济发展，而且也会阻遏进一步的外部援助与投资。

---

① "Foreign aid: Is Afghanistan a welfare state?", February 13, 2014, http://www.lowyinterpreter.org/post/2014/02/13/Afghanistan-Foreign-aid-and-dependency.aspx.
② Hafizullah Emadi, *Dynamics of political development in Afghanistan*, New York: Palgrave Macmillan, 2010, pp. 227–229.
③ Minna Jarvenpaa, "A Political Settlement in Afghanistan: Preparing for the Long Game, Not the Endgame", in Wolfgang Danspeckgruber ed., *Working Toward Peace and Prosperity in Afghanistan* (Princeton: The Trustees of Princeton University, 2011), pp. 190–194.
④ Jonathan Owen, "Army launches investigation: Corrupt Afghans stealing millions from aid funds", March 7, 2010, http://www.independent.co.uk/news/world/asia/army-launches-investigation-corrupt-afghans-stealing-millions-from-aid-funds-1917436.html.
⑤ Michael E. Hartmann, "Casualties of myopia", in Whit Mason ed., *The Rule of Law in Afghanistan: Missing in Inaction*, pp. 175–178.
⑥ VICE News, "US Aid to Afghanistan Has Largely Been Wasted and Stolen, Report Says", October 14, 2015, https://news.vice.com/article/us-aid-to-afghanistan-has-largely-been-wasted-and-stolen-report-says.

（二）西方援助与阿富汗政府素质降低

根据世界银行的评估，在法规质量和投资效率方面，阿富汗排名世界第177。2015年新公司注册数量低于2012~2013年水平。这既表明在阿富汗开拓新业务的艰难，也说明政府对创造就业或改善企业环境体系并未给予过多重视。究其原因，部分在于政府官员就职期间并不依赖税收，而依赖外部援助，从而缺乏一定的压力以及对民众负责的动力。① 也就是说，受援国对外部援助的依赖，削弱了受援国政府对内开展税收的动力及其与社会各群体进行妥协的必要性，从而导致政府能力弱化，形成所谓的"援助诅咒"。② 进而，由于对外部援助高度依赖，受援国政客们大部分精力都用来迎合国际援助者，而非对国内民众负责。而且，外部援助条件通常使援助者获得使用资金的权利，从某种程度上讲，这意味着外援国（而非受援国公民）将左右着受援国未来的发展方向。长期来看，阿富汗对外部援助的高度依赖，对本国经济与政治进程都会产生重大影响（见图1）。③

（三）西方援助的不可持续性

西方对阿富汗援助的不可持续性，一方面体现在外援本身具有的战略性和易变性上，另一方面体现在这种特征不利于阿富汗国家的可持续发展。如上所述，随着外援增加，像阿富汗这样的弱国对外部的依赖性也会逐渐加深，而这种情况可能会损害受援国内部的机制化建设，并导致国家重建的目标与结果互为冲突。2009年，外国援助在阿富汗国家预算和发展支出中占90%~95%，当时许多国际金融机构都强调这种援助不可持续，

---

① Mohammad Samim, "Afghanistan's Addiction to Foreign Aid", May 19, 2016, http://thediplomat.com/2016/05/afghanistans-addiction-to-foreign-aid/.

② 关于"援助诅咒"问题的提出，可参见：S. Djankov, J. G. Montalvo, Reynal-Querol M., "The Curse of Aid", *Journal of Economic Growth*, 2008.

③ Mohammad Samim, "Afghanistan's Addiction to Foreign Aid", May 19, 2016, http://thediplomat.com/2016/05/afghanistans-addiction-toVforeign-aid/.

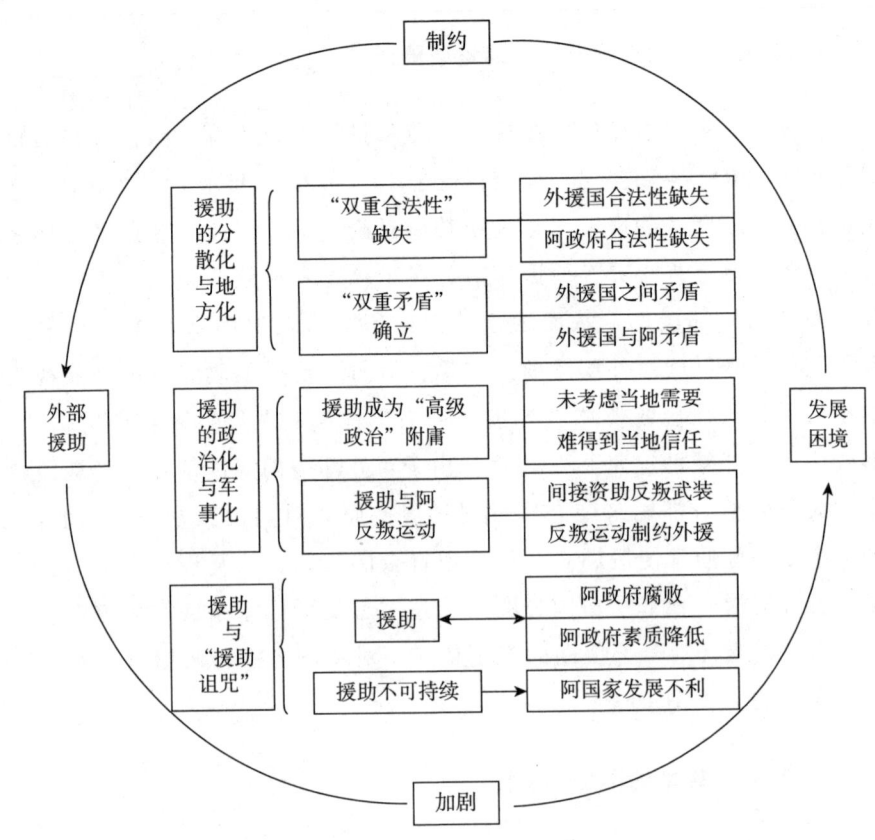

图 1　西方援助在阿富汗的"恶性循环"

资料来源：笔者自制。

且可能加剧阿富汗的内在脆弱状况。① 2010 年以后，国际社会对阿富汗的援助开始逐渐减少。② 以美国为首的西方国家也随之相对减缓了对阿重建和发展项目的监管力度，其公众对本国对阿援助的积极性和支持也有所降低。这些情况都有可能致使阿国家经济发展面临更为不利的局面，而阿地方集团对外部资源的争夺也将更趋激烈。罗伯特·杰维斯（Robert Jervis）

---

① Zubeda Jalalzai, David Jefferess, *Globalizing Afghanistan: Terrorism, War, and the Rhetoric of Nation Building*, Durham & London: Duke University Press, 2011, p. 10.
② Carol J. Williams, "U. S. aid to Afghanistan exceeds Marshall Plan in costs, not results", August 1, 2014, http://touch. latimes. com/#section/ -1/article/p2p -80958522/.

曾指出，假如对外援助使得一个穷国具备了政府的基本要素，却没发展出能够指导社会并从社会获得资源的强有力的国家，那么结果将是有效性减少、较低的经济增长率以及出现不稳定状况。①

结 论

通过上述分析，可以发现阿富汗外部援助体系至少与三个问题紧密相关。一是程序上应通过阿富汗政府还是直接向各地方提供援助的问题。在理论上，通过政府渠道似乎最为理想，因为这会增强政府的财政能力与社会责任感，并使民众与政府更为亲近。但阿富汗政府部门的腐败与低效使之难以合理应用和配置外援资金。相对而言，直接向地方提供援助的方式效率更高，但却可能削弱中央政府的权威与能力，增加地方精英的权力资源，从而加剧阿富汗国家权力的"碎片化"。② 二是外援国之间的分歧问题。在美国学者斯蒂芬·M. 沃尔特（Stephen M. Walt）看来，如果缺乏共同的政治利益，即使巨额对外援助计划也不能展开有效的合作。为使援助发挥效用，外部援助者需要在基本的利益上达成共识并愿意容忍出现的分歧。③ 阿富汗外部援助者之间就体现出这种分歧及有限的共识。三是外援国对于自身利益的关注，及其提供援助的动机问题。在阿富汗，许多外援者的目的主要是增加自身战略利益，未能充分考虑当地民众的需求，亦难以使外援带来可持续的积极效果。

在很多情况下，外部国家基于自身利益而非对象国民众需求而展开的援助活动经常产生大量互为冲突的结果，以致它们的干预活动越多，对象国内部的关系就可能越为紧张。在外部国家分散且互不协调的援助方式之

---

① 〔美〕罗伯特·杰维斯：《系统效应——政治与社会生活中的复杂性》，李少军等译，上海人民出版社，2008，第59页。
② 对于国际非政府组织在阿富汗各地方活动的介绍，参见 Katja Mielke, "Constructing the Image of A State", in Conrad Schetter, *Local politics in Afghanistan: A century of intervention in social order*, pp. 254 – 263。
③ 〔美〕斯蒂芬·M. 沃尔特（Stephen M. Walt）：《联盟的起源》，周丕启译，北京大学出版社，2007，第218～232页。

下，大量外援不仅加剧了阿富汗的政治腐败，削弱了中央政府的合法性权威，滋生了许多新的社会矛盾，而且还削弱了中央从地方汲取资源的能力，乃至外部国家援助活动本身的合法性也遭到了侵蚀。需要看到，在阿富汗社会结构的制约下，外部援助（者）的权威、影响与效果也被进一步淡化。由此，在对阿富汗这样的弱国开展对外援助过程中，应注意推动受援国独立、自主发展，促进形成有利于加强受援国内部凝聚力的政治生态，特别是使不同社会群体成为国家重建进程中的利益相关者，增进民众与政府之间的信任，以及将地方多样性与外部援助有机地整合起来。

海外汉学研究与国际文化交流[*]

克拉拉·哈菲佐娃 著

(哈萨克斯坦国家科学院,阿拉木图)

李朝霞 译

【作者简介】 克拉拉·哈菲佐娃,哈萨克斯坦国家科学院院士、汉学家。

【译者简介】 李朝霞,兰州大学中亚研究所博士研究生。

当前全世界对中国及其现状、历史和文化的兴趣与日俱增,这与中国的经济成就及其在构建世界新秩序过程中的地位和作用不断上升有关。将汉语作为外语的学习者和毕生致力于汉学研究的专家人数亦不断增加。汉学是一门集语言学、地理学、历史学、文学、经济学、对外政策于一体的综合性科学,简言之,它的研究范围包含了过去和现今的中国及其国内各民族生活的所有领域。上述所列诸项均属中华文明、中国文化的概念范畴。汉学是一座桥梁,它能让人们了解中国的过去和当下,汉学家们塑造了各自认知的中国和中国人的形象,努力将这些形象传递给所有对此感兴趣的人。

中国目前正在着力构建本国和本民族的正面形象。这个大国无法漠视全世界对自己的认知以及国际社会对其行为的评价。在认识到汉学家们在这方面所起的作用的同时,中国也想了解各大洲和某些国家的汉学研究情况及其发展方向,当然还包括确定当前在科学、文化和政治方面具有现实性的发展趋势。可能中国认为创立关于汉学家及其成果的数据库并非多

---

[*] 本文经克拉拉·哈菲佐娃女士授权《中亚研究》发表。

余。毫无疑问，这应当视为中国对外政策、推广汉语并让世界人民了解中国五千年博大文化，主要是了解现当代文化的政策的一部分。中国出版的一些专供海外发行的作品，都是一些本国作家和外国作家对其国家历史文化的特写，包括所有省份的经济现状和政府在其现代化过程中做出的努力。为了进一步推进对外开放政策和中国第五代领导集体提出的实现"中国梦"的规划，2013年底，中国人以无比的热情，举办了海外汉学家代表大会、海外华人（包括非汉族人）代表大会以及全球孔子学院代表大会。

"中国梦"（"梦"具有"梦想""幻想"的意思）这个词是中华人民共和国国家主席习近平在2013年3月17日举行的第十二届全国人民代表大会第一次会议闭幕式上的施政讲话中首次提出的[①]，贯穿其中的是"中华民族伟大复兴"和"全面实现今天中国人的理想和（中国）先人们不懈追求进步的光荣传统"的思想。因为"中国梦是民族的梦，也是每个中国人的梦"，所以他号召海内外中国人，无论身在哪个国家，为了实现它，必须"弘扬中国精神"，"最大限度团结一切可以团结的力量"。中国共产党强大的宣传机构开始用现实内容来丰富这一在某种程度上并不是纯粹理想主义的号召。日益明确的是，"中国梦"并不是一个抽象概念，而是预见到了实现国家经济和文化发展的各项规划并把它变为一个先进国家的可能。作为该计划的一部分，构建"丝绸之路经济带"直接涉及哈萨克斯坦。而它的实现，与和平、友好的周边关系密切相关。

根据中国政府的文化政策，2013年12月3～4日在北京举行了"汉学家与中外文化交流"国际研讨会。研讨会由中华人民共和国文化部主办，具体的组织则由中国艺术研究院国际处协同中国国家博物馆（以前的中国历史博物馆）负责。研讨会在国家博物馆玉石厅举行，该博物馆正对着天安门广场上的人民大会堂。来自澳大利亚、英国、德国、埃及、以色列、印度、哈萨克斯坦、朝鲜、荷兰、俄罗斯、新加坡、斯洛文尼亚、美国、泰国、土耳其、瑞典、日本17个国家的二十余名海外汉学家参会。除俄罗

---

① 原文如此。为保证原文意思，除特别标注外，在翻译过程中并未参考中方文件、资料对原文进行修正。下同。

斯、新加坡、美国和日本各派出2位专家参会外，其余国家各派1位汉学家代表参会。有趣的是，中方拟定的参会者名单是根据汉学家们的年龄排序的，最大的参会者生于1932年，而最小的生于1980年。尊敬长者始终是中国人性格的基本特征，但在参会者名单中体现出的该特征却是次要的，因为一些汉学家的科研成就并不取决于其年龄，而是取决于他们的天赋、勤奋和培养条件的状况。尽管如此，关于半个世纪以来海外汉学研究的发展状况、对中国某些历史时期的研究特征以及某些国家的汉学研究特征，与会者还是达成了共识。研讨会使用汉语和英语。所有报告在准备时均使用这两种语言，但是绝大多数专家发言时自然而然地选择了汉语，并且年青一代的汉学家们言语流利、发音标准。

中国方面有近似人数的学者参会，在他们身后就座的还有助手和副手，参会的还有文化部、博物馆的一些工作人员以及受邀参会的一些负责人。研讨会由中国文化部部长蔡武先生主持开幕，出席的还有文化部副部长丁伟先生、中国国家博物馆馆长吕章申先生、北京大学中国语言文学系教授严绍璗、北京外国语大学张西平教授、中国社科院文学研究所所长、《中国文学年鉴》责任编辑陆建德、清华大学国学研究院院长、《海外汉学》文集责任编辑刘东，中国艺术研究院院长贾磊磊、中国社科院美国研究所所长黄平、文学评论家和艺术学家高英、李敬泽、苏州大学海外汉学研究中心主任季进、《中国文艺》杂志编辑王磊，还有一些单位的外事办主任。中国代表团就担任的职务而言非常具有代表性，平均年龄比海外汉学家要年轻，最年长的生于1940年，最年轻的生于1978年。

在研讨会开幕式上中国文化部部长蔡武先生说，海外汉学家在研究中国文化方面付出了艰辛的劳动，在本国学术界和舆论界为传播中国文化做出了杰出贡献。他希望本次研讨会能为汉学家们讨论中华文明、交流学术意见、开展跨文明对话提供平台，并能激励汉学家们推进学科研究，促进文化交流。

第一个发言的是德国学者海德威·理查德·施密特－格林特泽尔（施寒微）。这位汉学家的研究兴趣广泛，其著作在语言学、语文学、历史学、文化学领域享有盛誉。他强调，到了该摒弃陈旧的汉学研究方法、对中国文化持固有成见的时候了。他坚信，本次研讨会必将加强海外汉学家与他们的中国同行之间的联系，为展开新研究再添动力。

2012年诺贝尔文学奖获得者莫言先生指出，在研究当代中国文化时，应该尽可能地深入到中国人的日常生活中去。他认为，汉学实质上是一种认知的比较形式。任何民族的代表在研究中国文化、过往历史文化或者当代文化、中国某个少数民族的文化或者汉文化时，不管怎样，他都会下意识地将研究对象与本民族的文化相比较。在比较过程中，研究者会发现相似点和不同之处，会开始领悟研究对象的长处。在恰当的时机，研究者就会发表自己的研究成果，他的同胞们开始阅读他的作品，这也就意味着文化的相互交流，会促进全人类的文化发展。作为著名作家，莫言在看待翻译事业时自然有自己独到的见解。他指出，在研究当代中国文化时，特别是在翻译当代作家的作品时，汉学家必须深入领悟中国人的日常生活。译者不仅要精通汉语，还要理解人民的生活。译者还应当了解作家的心理状态及其构思，唯有如此才能翻译出作品的神韵。如果译者仅仅掌握外国语言知识，却不理解作家笔下所描绘的现实，那么就会严重歪曲作品内容，不是言过其实，就是未尽其意、一笔带过。比如，为了能传达出参与本次研讨会的作家贾平凹的作品的精神，就必须了解陕西省的自然环境与人以及它的历史、文字和书法、物质文化。否则，译者就无法将作家作品的精神和灵魂传递给读者。谈及自身，莫言先生谦虚地说，他的作品里没有特别的知识，只需要具备对农业最基本的常识就可以翻译了。笔者认为，莫言作品的译者们不会认同这样的观点，因为要了解中国的农村、农业，就需要掌握中国各省份的农具、农舍、野生植物和野果、农作物以及栽培这些作物的技巧和其他大量的知识，此处无法逐一列举。莫言谈到的与汉学家们共事的工作原则值得思考。原则一：请进来；原则二：送出去。依据该模式，他与将他作品翻译成日语的译者们成功进行了合作。"请进来"的意思就是要与译者们保持频繁的、充足的交流，拓展与他们交流的领域。这样一来，就能扩大文化的互相交流与相互影响，加深对彼此文化的印象。莫言没有解释自己的第二个原则，笔者认为，汉学家应该将他所了解的有关中国和中国人的信息，没有歪曲地表达出来，既要真实地描写中国和中国文化，又要把所有的体会传达给其他人。① 在会歇期间，笔者问莫言，在他的计划中是否会创作历史长篇小说。他回答，这需要具备丰富的历史知识。应当指出的是，莫言作品大量地、精准地反映了中国新时期的历史，特别是透过一个家族几代人的命运来反映中国的历史现实，因此评论家们把他的小说归为家族传记。

必须承认的是，诺贝尔文学奖获得者以及三位著名的中国当代作家的参与为研讨会增色不少。莫言，是作家的笔名，翻译出来的意思是"沉默，勿言"，哈萨克语是"Ундеме"。他原名管谟业。我有幸坐在他的身旁，总体感觉是，他是一个外表极其普通但思维深邃的人。他体格健壮，脸上的表情深奥莫测，睁着一双小眼睛。他的目光与其说是深邃难测，不如说是柔和温暖。语调平静内敛，充满善意。从衣着和外表来看，如果你不熟悉他的作品，他会使你想起受儒家伦理道德熏陶的中国典型的知识分子形象，有"三人行，必有吾师"的感觉。莫言是第六位华裔诺贝尔奖得主。他似乎对媒体制造出的围绕在自己身边的光环和喧嚣不甚赞同，这正是其作为中国杰出的文学奖得主所无法回避的。可以说，莫言是第一位在西方得到正确评价的中国作家。但笔者认为，事实并不完全如此。诚然，莫言是迄今为止作品最早（1983年起）、最多被翻译成英文的作家。他的小说《红高粱》堪称经典，曾荣获中国国家级大奖。1987年该作品被中国著名导演张艺谋（曾担任第29届北京奥运会开幕式和闭幕式总导演）拍成电影。电影《红高粱》曾斩获奥斯卡最佳外语片奖，在世界多个国家上映。2004年北京出版了《莫言文集（全十二册）》。在获得诺奖殊荣之前，莫言就已引起了俄罗斯汉学家们的关注（参看《中国精神文化》，2008，第360页）。但是自2013年起俄罗斯才真正开始翻译他的作品。莫言的作品获得了国际认可，被翻译成多种文字。目前，一家哈萨克斯坦的出版社正在进行关于翻译莫言的书的谈判。如果你了解中国20世纪70～90年代的历史，并获悉他曾作为政治工作者在军队服役20多年，那么在阅读莫言

---

① 应作者克拉拉女士的要求，此处译文与原文略有不同。

的作品时，你忍不住会大为吃惊，这样的作家是如何在部队环境中成长起来的呢？他并不完全赞同儒家学说，但中国的知识分子是中国传统文化深厚底蕴的缔造者和产物，会自觉不自觉地在自己的世界里去认知自我和他者的世界。中国知识分子的身躯和血脉中充满了儒家和道家思想、中国神话、法术、民间传说、图腾以及预言。在莫言的作品中上述种种表现得尤为明显，他将这些元素在中国农村日常生活中的反映和在20世纪上半叶中国农民的精神生活中的深刻烙印展现在了作品里。在小说《丰乳肥臀》里，透过上官家族的女性群体形象，我们能看到生机勃勃、果实丰硕同时又平等地对待所有生灵、用自己的乳汁哺育滋养所有生灵的自然之母。首次听闻书名，再一看印在纸上的书名，读者往往会感到迷惑不解和些许震撼。带着好奇，简略地浏览一番后开始阅读，就会爱不释手。随着阅读的深入，读者会越发细致地琢磨书名的每个字，而认识汉字的人则会翻阅字典遍寻四个字的所有含义。总之，这些字已经失去了低俗色彩。构成书名的四个字深邃、精巧，但无论如何，它们都铭刻在你的意识中，挥之不去。赋予作品这样的名字并非是为了商业的成功，也不是为了媚俗迎合大众，而是为了揭示人的肉体与灵魂之间不可割裂的联系。该作品揭示了生命体的生理基础并不能泯灭冲入云霄的灵魂。

在莫言的所有作品中都能感受到中国精神，人物形象鲜明地表现出民族性格中固有的忍耐力和内在的优秀品质、生命力和爆发力。有时，在他笔下强大的女性群体背后你能看到祖国母亲，即成就和矛盾并存的中国。在过去，中国盛行给女孩子缠足。为了阻碍其发育，用宽大的布带紧紧包裹住胸部，虽然莫言在书中并未提及。因为在过去丰满的胸部不符合汉族的审美趣味（其实，哈萨克族亦是如此），而且从来不以此为美。缠足裹胸，"束缚"心性，正是中国女性曾经的遭遇，作者对此无法容忍，这一点表现在其劳动结晶——作品的名称上。

莫言获诺贝尔奖的理由是"通过幻觉现实主义，将民间故事、历史与当代社会融合在一起"。的确，在他的作品中我们能看到思想和直觉的交融，但是它们并非以难以遏制的形式表现出来，而是受限于情节框架，是某种下意识的存在，不受具体形式拘束。但是很明确的是，这是一种典型而独特的中国形式。莫言没有受到他人（福·拉布列、乌·富尔克涅拉、戈·加尔西亚·马尔克斯）的丝毫影响，他的作品依旧是中国土壤、水分和空气的产物，虽然这部作品乍一看感觉似乎出自异域他族之手。曾几何时，中国人总是喜欢所有异国风情，而中国传统文化在现代世界的眼里却并未丧失异国情调和魅力。作为一个生长在农村的人，在他家乡家畜被视为供养者，几乎就是家庭成员，作家时而借待哺幼儿之口，时而以家畜和看家狗的名义写作。他哲理性地看待赤裸裸的自然主义：演绎分娩和出生、死亡、爱情、暴力、残忍的舞台。在那里男女老少都出口成章，但你在正面主人公的思想里感觉不到丝毫的污秽肮脏。在儿媳和母骡分娩的时候，人们几乎对二者同等担忧，既为人着急，也为牲口煎熬，但更多的人围着牲口转。而男人们，因为不能亲临妻子和儿媳的分娩现场，当然也就无法表现出个人的情感。他们疲惫不堪地等候着儿子和孙子的出世。虽然婆婆尽可能不去忘记临盆的儿媳，但还是先求助兽医，然后才去请乡村郎中。显然，她本人在这种时刻也曾受过如此对待，更确切地说，自己的母亲在生她的时候，也是类似的情况。她的儿媳，在难以忍受的冷漠和污秽的卫生条件下，生下了一对双胞胎，因受儒家伦理的影响，她对得到的那一点点人性关怀仍心怀感激，随着时间的流逝，她自己也渐渐变成了一位真正的老太婆，专制地对待任性的女儿——那个想要嫁给强盗杀人犯而事实上却是一个在反抗日本侵略者的人的女儿。未经女儿的同意，她就把女儿许配给五兄弟当中的一个哑巴。接替她的很可能会是家里的第八个女儿——同样也受到歧视，是家里多余的人。起初是姊妹七个，这是一个吉祥的数字。起初给大女儿缠足，随后由于某种原因停止更换裹脚布，但是她的双脚还是被"成功"扭曲了。儒教永恒的影响并不是就这样不留痕迹了，不管你情愿与否，它给所有人打上了专属的烙印。

从一开始双胞胎哥哥就把女孩从母亲乳房旁撵走，不公正地让她遭受委屈。吃奶的小男孩专横地霸占着哺乳的胸部，健康而强壮地成长，他被用来平衡家中的阴阳。同时在他的体内流淌着欧洲人（或是美国人）的血液，因为他天生就表现出西方式的自私、主导生存空间的意图。两个孩子都是源自母亲对一个外国人——一个完全适应了东北、能讲一口流利方言的瑞典牧师——的爱。这个牧师还是个好色之徒，过着不那么恪守教规的生活，然而比起双胞胎，自己的男人更让她觉得亲近。

有关莫言、贾平凹、阿来、马佳以及其他现代作家的创作，可以说的远不止此，但这是翻译家的工作。我希望，在哈萨克斯坦有人能承担起这些作品的翻译，能对这些别具风格的作家的作品进行认真研究，猜出莫言的奇幻谜题。

12月4日下午，中共中央政治局委员、中共中央宣传部部长刘奇葆先生莅临了大会。他毕业于安徽大学（应为安徽师范大学。——译者注）历史系，是经济学硕士。握手的时候，刘奇葆亲切地问候每一位参会代表。在讲话中，他对海外汉学家们表达了感谢，称赞他们在研究中国文化事业中付出了孜孜不倦的努力，将中国文化介绍给国际社会，加强自己国家与中国的人文联系。他深信，汉学家们未来必将卓有成效地继续研究中国文化和中国文明，将它的独特魅力带给所有人。刘奇葆先生还表达了这样的希望：汉学家们能关注"中国梦"这个项目，并将它的内涵传递给其他人，让国际社会能更好地了解、理解中国及其追求的目标。他还希望，汉学家们能够继续研究其他优秀的中国作家的作品，将中国的文学、电视剧、电影等优秀作品翻译成本国语言。这位身居高位的国家官员希望海外汉学家们能经常造访中国，亲身去感受中国的现实生活，尽可能更深入地研究现代中国，对中国形成自己的感知。相关机构和部门依据开放政策，准备创造条件，以便对中国进行更好的科学研究。

大会日程安排得满满当当，主要的议题包括：①文明（文化）交流：碰撞与交融、共性与差异；②中国当代作品译介；③世界文学中的中国文学：现状与发展。大会得到了各大报纸、电视电台的广泛关注。

许多大会参会者就自己所在国的汉学研究发展做了整体概述，谈到了该学科在不同方面的成就，以及自己独特的科研兴趣，一些汉学家还做了两次报告。

德国汉学家海德威·理查德·施密特－格林特泽尔（施寒微）代表海外汉学家致欢迎辞，哈萨克斯坦汉学家代表海外汉学家致闭幕辞。

大英博物馆亚洲部主任约翰·斯图尔特介绍了世界各国博物馆的最新

工作技术，尤以大英博物馆为例，并建议中国博物馆的管理也采用这些技术。

来自美国的卡特琳娜·贝尔西斯·巴尔涅特讲述了加利福尼亚大学汉学研究的成果，介绍了这一领域知名的美国基金会（鲁斯基金会、国家人文基金会）的一些奖励和资助情况。她本人从事明（1368~1644年）清（1644~1911年）交替时期的绘画艺术研究。卡特琳娜坚信，中国文化知识不仅是研究语言和人文科学所必需的，而且也是研究自然科学、技术科学，特别是在采用比较研究法的时候所必需的，她还阐释了自己对一些术语的理解。近期她对广义"文化"层面的茶文化研究产生了兴趣。

政治学家、记者、友谊大学（莫斯科）教授尤里·瓦季莫维奇·塔夫罗夫斯基介绍了自己在彼得格勒大学（圣彼得堡大学）的学习情况以及俄罗斯汉学研究的优良传统。他还分享了为谋求苏中关系正常化，原苏联领导人戈尔巴乔夫访问北京时的个人感受（学者曾作为随行人员），谈到了俄联邦第一位总统叶利钦的对华政策。教授确信，今天，发展俄罗斯汉学研究的最佳时刻已经到来，事实上，可以说是迎来了汉学研究的"黄金时代"。他赠给泉州博物馆一本新出版的《东干族童话》，是早前著名俄罗斯汉学家李福清（1932~2012年）收编的，在中国大陆和台湾地区其作品阅读量很大。我讲了几句有关哈萨克斯坦和中亚地区的东干人的情况，然而，遗憾的是，我没有随身带上雅瓦胡诺夫·依布拉依木所著的两卷本专著《东干人：过去和当下》、玛利亚·汪斯汪诺瓦娅所著的《东干人：族人和命运》以及其他在阿拉木图出版的专著。我注意到，到目前为止，没有发现有人愿意依据清朝史料研究穆斯林起义的历史以及东干人的民族英雄白彦虎的历史。

韩国学者吴秀卿女士分享了自己关于中国婚庆礼服织品及其象征意义的结论。在文化考察期间她总是在做笔记，饶有兴趣地详细询问导游，以加深自己的印象，没有浪费一分一秒。

来自俄罗斯国家科学院远东研究所（莫斯科）的年轻汉学家科洛博娃·阿纳斯塔西娅，主持出版了六卷本的《中国精神文化》大词典，由俄罗斯国家科学院院士、远东所所长季塔连科负责校勘。各卷主题如下：第一卷为哲学;第二卷为神话与宗教;第三卷为历史、政治、意识形态、法律;第四卷为文学、语言、文字;第五卷为科学、技术、军事思想、医学、教育;第六卷为建筑学、书法、绘画、手工艺、音乐与舞蹈、戏剧及电影。编委会成员获得了克里姆林宫的政府资助。的确,这部百科大词典集俄罗斯汉学家四个世纪研究之大成,可谓汉学家的案头必备工具书。米哈伊尔·列奥季耶维奇·季塔连科为俄罗斯汉学研究的发展做出了切实的贡献,向整个独联体地区汉学家们表达了诚挚的关心。

埃及汉学家瓦黑德·埃利萨依德·阿布杰里哈米德·埃利阿不思副教授从事古兰经和其他宗教典籍阿拉伯语与汉语的互译工作,他谈到了自己在中文出版物里发现的对某些宗教经文典籍翻译不准确的现象。这位阿拉伯学者和来自以色列的阿莫斯·那达伊先生一样,都有着从事外交工作的丰富经历。阿莫斯·那达伊先生着重研究现代中以关系问题。

新德里扎瓦哈拉尔·尼赫鲁大学教授瓦力·塔姆·吉巴克和安卡拉大学的年轻博士格拉伊·菲丹分别研究各自国家与中国文化的相互关系问题、丝绸之路在中世纪的作用,以及中国史料对研究各自国家历史的作用及其意义。同时,来自印度的吉巴克教授则着重研究佛教在中国的传播问题以及中印的宗教关系问题。

斯洛文尼亚的代表是汉学家安娜·斯拉沃维奇博士,她是一位来自贝尔格莱德大学的娇柔美丽的姑娘,为研究现代中国文学做出了自己的贡献,她正在翻译莫言的作品,并且把其中一篇翻译好的散文在大会首日亲手交给了作家本人。笔者推荐安娜到东方学系和中国现代文学及文学关系专业硕博论文科学管理系讲学。她的中文极好,基于这个缘故,她让我想起来自原南斯拉夫的布兰卡,我和后者于1962年结识于北京。

从20世纪50年代到90年代这五十年来,每十年日本都要成套出版10~15部大部头的论文集或者中国现代作家作品选集。日本的语言学教授饭塚容介绍了近些年的汉语译介工作。他焦虑地说,日本汉学家们还远远没能将中国文学完全地呈现给本国读者。不过,他们的成就着实令人羡慕。

胡别尔金娜·乔安娜·曼迪逊介绍,在荷兰中国作家的作品经常是从英文版、法文版转译过来的，其比直接从中文翻译过来的要多。

谈及中国文学及其翻译工作的还有来自泰国的汉学家阿尔东·冯塔马桑、新加坡的黄静和陈怀远（都是华侨）、澳大利亚的马克·哈里松、米凯利·斯坦福尔德·贝利（汉语极其流利）。

笔者在大会闭幕式上的发言主要有以下内容。政治经济情况不尽相同的各国汉学家在此集聚一堂，我们有不同的学派、不同的心理，在掌握中国文化知识的水平上也大相径庭，然而有一点共性将所有人联结在一起，那就是我们热爱中国文化，热爱中国的文字。我们将毕生精力贡献给了对中华文明的研究事业，我们在研究历史上的和现代的中国方面做出了力所能及的努力。某些国家在汉学研究领域积累了200多年的丰富资料，形成了连贯的研究传统，而有些国家只有20年的汉学研究史。在许多国家汉学家们研究不同时期的各类艺术：绘画、戏剧、文学作品、中式音乐、京剧、中式服饰、中国手工艺、陶瓷、茶叶，等等。中亚的汉学家们重点研究中国的历史文献，这是为了更好地研究本民族的历史，因为游牧民族的历史多半是口头的，也是为了对古代部族的各种语言有个总体认识。得益于中国的二十四史、中国文学（比如，中国唐诗），我们对自己先祖的面貌、本族历史、民族音乐、游牧文化的各方面的总体情况有一个大致的了解。汉语是我们研究古代、中世纪和新时期中亚诸民族的一个科学工具。我们感谢中国的书面记录没有出现间断，因为它帮助我们了解真实的自我，了解自己的根。我们向中国政府、中国文化部、中国各博物馆及档案馆的馆长们、中方同行们表示感谢，感谢他们为我们在华期间在中国的各档案馆、相关研究所和科研中心开展工作提供的机会、创造的条件。我们的文化合作步入了一个新阶段，我们共同培养汉学研究专门人才——学士、硕士、博士，共同探讨过去和当今发展外交、贸易、文化联系的问题。得益于中国的开放政策及其在国际舞台上的威望，这一切都已成为可能。我们在某些问题上并未能达成共识，然而我们会善意地聆听彼此，邀请彼此参加国际研讨会。哈萨克斯坦缺乏培养各方面的高素质汉学家的专家，因此我们诚邀欧洲和亚洲其他国家的专家担任科研导师。我想，每一位参会的汉学家都会欣然参与哈萨克族和哈萨克斯坦汉学家的培养事业。

笔者每一次来华的行程都被安排得像一场节目，因为中方同事在筹备文化考察项目的时候都非常有品位。这次我们有幸了解了北京和泉州的各大戏院和博物馆，这不仅让我们更好地了解了陆上丝绸之路，同时还知晓了海上丝绸之路。陆上丝绸之路的标志是马，马的形象无论是在汉文化还是在亚洲内陆各民族文化中都具有共性。过去我仅仅是从国际关系的视角、从中俄对外政策的角度来研究我们的联系，而今这些现象让我萌生了从文化相互关系、相互作用的角度进行研究的兴趣。作为历史上陆上丝绸之路上游牧民族最重要的产物，马的作用怎么评价都不为过，其地位在神话、诗歌、绘画、形成审美情趣等方面亦是如此。在发言结束时，我强调了一点，那就是"中国文化像汪洋大海，而我们才仅仅了解沧海一粟罢了"。

在北京的游览中必不可少的项目是参观皇家宫廷建筑群——故宫，里面曾住过明清历代帝王。中国第一历史档案馆就位于西华门侧的紫禁城内。当我有幸在该档案馆内研究有关哈萨克族的材料时，我几乎每天都利用午休时间进入其中任意一扇门。我仿佛看到，18 世纪下半叶到 19 世纪初的某个清晨，就在（今日的）天安门广场上哈萨克族的使臣们正等候皇帝的召见。在故宫博物院的各处所经常举行各种专题展，收藏家们在这些展览上展出自己的藏品。还记得，在其中一幅大型画作上，我从服饰上辨认出了哈萨克族的使臣：他们注视着夏宫广场上的马技表演，他们帽盔上的裘皮似乎在风中微微摆动，他们目光灼灼，兴味盎然。故宫拥有 500 多年的历史，作为保存完好的大型建筑群于 1987 年被列入联合国教科文组织世界文物遗产清单。

在北京一条传统胡同里坐落着刚修缮过的京剧戏楼正乙祠，那里用复原后的古乐器演奏的古代乐曲音乐会给我们留下了深刻印象。戏楼是木质结构的中国传统建筑风格，曾几何时京剧旦角名演员梅兰芳（1894～1961 年）在此登台献艺。我们坐在小桌后，品着茶，茶是遵循所有古法步骤烹煮而成的。主持人介绍了 2011 年该建筑修复的一些情况及其历史，还有一些关于古代乐器的知识。演员们身着花团锦簇、再现时代特色的丝绸演出服，用工匠们比照古书里记载的模型制成的乐器进行演奏，演奏出怀旧的旋律，吟唱着动人心弦的歌。音乐会后，有着丰富学科知识的安娜·塞西莉亚·林德科维斯特（瑞典）与演员们进行了交流。

泉州是古代著名的港口城市，泉州之行简直奇妙极了。这是一座有820万人口的城市。从我宾馆房间的窗口望去，展现在眼前的是传统中式小院美景，再远处是有座宝塔的绿色小山丘，那里生长着亚热带的棕榈树和异域植物。这里呈现出南方的温暖、阳光和干燥。泉州是一个古老的口岸，与中国东南沿海其他城市如杭州（南宋都城）、福州、广州等一起始建于8世纪。当时在各大城市里居住的人口达到了百万。随着唐朝的衰败，海上贸易中心转移到了泉州，它又名刺桐（阿拉伯语，意为和平、宁静）。贸易船只在泉州和波斯湾各大港口之间定期往返，它们运载着珠宝、调料、香料、药品、天文仪器、纺织品。十到十二世纪期间，泉州是海上丝绸之路上大型的海军、贸易枢纽。那里贸易空前繁荣，以至于海关的官员们迅速成为中国最富有的人。在蒙古人统治时期，海上丝绸之路和陆上丝绸之路均取得了斐然的成就，它们连接中国与全世界。造船技术上的成就以及对阿拉伯人和印度人航海术的掌握使郑和（1371~1434年，本姓马）在明初航行至印度洋和东非沿岸成为可能。开始有阿拉伯人、波斯人、印度人时不时地落户泉州，随后他们就长期定居下来，还有一些黝黑皮肤的奴隶也留了下来。大型的阿拉伯人移民区拥有专门的集市、清真寺和墓地。很多人效忠于中国，也有一些人参与了反抗朝廷的起义。汉人与外国人通婚有时是被禁止的（比如在844年），有时是被允许的。我们碰巧遇到了一些人，他们声称自己是穆斯林，是阿拉伯人和波斯人第24或26代后人。外邦人带来了自己的宗教（摩尼教、拜火教、景教、伊斯兰教），修建了自己的祭祀场所和房屋。翻译宗教经典时，中国使用了佛教和道教的宗教术语。各种外来宗教适应了新的条件，在墓碑上可以看到十字架旁边还有莲花——佛教的象征物，或是正在飞行的天国使者——"飞天"。宗教象征物中的折中主义构成了泉州异国宗教文化的特色。道观附近生长的树木约有300年树龄，其中一棵造型似乎有些奇特的树上还有不知名的花绽放。道教和佛教的庙宇殿堂里香火旺盛，人来人往，我们亲眼看见了一些儿童旅游团，一群群戴着红领巾朝气蓬勃的小学生们成群结队地、喧闹着从大门里涌出来。而古老的清真寺则用静谧迎接着我们，众所周知，只有在特定的时刻那里才做礼拜。

在福建省南部毗邻台湾海峡的崇武半岛上，在高楼大厦的夹缝中有一片重建的房屋，该区南北长 500 米，东西宽 300 米，名为石头城。石头城始建于 1387 年，设四道城门通往外界。在石头厝的建筑风格中也好，在小院落里也罢，那里都体现出一些操多种语言的外来人居所的特色元素，在那个时候，他们已经很好地适应了泉州的气候。

海事博物馆内藏品丰富，有各种各样的船只、筏子和其他航海仪器的模型，小到仅有极限高度船舷的盆状小舟，大到那个时代最大规模的、从东南亚海域称霸到印度洋的巨船。11 世纪末中国造出了四层甲板的大船，舱内可容纳上千人。阿拉伯和印度的造船技术成就对建造大船产生的影响，从这些模型中能看出端倪。在展品中还有一些中国西部民族特有的水上设备：用不渗水的、从动物身上剥下来的整张羊皮专门加工制成的筏子，还有用牛皮制成的藏式小船。这让人联想起，春日里因黄土而浑浊发黄的波浪里闪动着一个男人的头，他在黄河中用双手抱住羊皮筏渡河，以及在兰州市（甘肃省会）附近以类似方法渡河。在博物馆里还能看到中国航海术整个历史长河中的许多船只模型，以及著名的中国航海家——郑和舰队船上的一只锚。同时，还有这位伟大的航海家在祭拜女性化身的佛祖，即大慈大悲的观音，以及另一位中国航海的庇护神——妈祖的场面。墙壁上挂着缆绳和打成复杂的水手结的绳索。博物馆的院子里立着一块纪念阿拉伯旅行家伊本·白图泰（1304～1377 年）的碑，他称泉州为世界最大港口。

在泉州东郊灵山（逝去灵魂之山——哈萨克语音译为"阿鲁阿赫 塔乌"）南坡有一片穆斯林墓地，这里保存完好。据传说，这里安葬着两位到中国传播伊斯兰教的圣贤（他们被称为第三位和第四位智者）。一些学者认为该事件发生在 8 世纪，而另一些则认为发生在 14 世纪。众所周知，中国舰队统帅郑和在自己第五次出发去西方海域之前，于 1417 年拜谒了圣墓并表达了对其应有的尊崇。纪念碑群在 17 世纪到 19 世纪的清朝时期历经重建和修复，1988 年整个墓区被列入中国文物保护名录。

泉州出名的不仅有曲种"南乐",还有木偶剧和皮影戏,这里是木偶剧三大流派之一的发祥地。技艺高超的演员用手中的丝线操控木偶并常常在舞台上变换位置,在他们的操作下,木偶既能做出汉人合乎礼仪的动作,也能做出现代街舞、摇摆舞和黑人舞蹈的快速动作。它们可以被摆成任何姿势,能够表现傲慢和吹嘘、痛苦和喜悦、自尊和自豪。在木偶演出的剧院大厅里常常响起被木偶滑稽的动作逗乐的笑声,这些木偶能迅速而轻松地更换服装。木偶表演传达着中国精神的生命力和对传统的坚守,也同样反映出中国人对新风尚的感应力。在我们在中国的所有见闻中,这种感觉简直无处不在。

《中亚研究》约稿启事

《中亚研究》由兰州大学中亚研究所主办，社会科学文献出版社出版，目前为半年刊，国内外公开发行。

《中亚研究》主要刊发与中亚、上海合作组织、阿富汗、反恐等问题相关的学术论文，主要涉及外交、安全、政治、经济、历史、文化等问题。欢迎广大同仁赐稿，本刊实行优稿优酬原则，一经刊发即付稿酬。

一 投稿须知

（一）文稿要求文字精练、立论新颖、论据充分，文责自负（严禁抄袭）。

（二）姓名在文题下按序排列，多作者稿署名时须征得其他作者同意，排序应在投稿时确定。接录用通知后不再改动。获得各项课题资助的来稿将优先发表（需在稿件首页注明）。

（三）论文格式一般要包括：题目、作者及单位、联系方式、摘要、关键词、正文、注释等。

（四）目前《中亚研究》审阅稿件以电子稿件为准，请向编辑部邮箱发送 Word 或 WPS 文稿。

（五）编辑部对拟用稿件将在收到来稿后一个月内向作者发出稿件录用通知，作者逾期未收到通知，可自行处理。编辑部对来稿有修改权，不同意修改的稿件请在来稿中声明。

（六）来稿请勿一稿多投。

（七）为加强学术交流，本刊将加入中国期刊网（CNKI）等网络数据库，将以电子期刊、光盘版等方式转载所刊论文，如作者有异议，请于投稿时说明,未加以说明者视为同意授权。

二 联系方式

《中亚研究》编辑部地址:兰州市天水南路 222 号兰州大学中亚研究所,邮编:730000,电子邮箱:zhongyayanjiu@ sohu. com。

三 文本规范

向《中亚研究》投稿时请注意以下文本规范:

(一)来稿要求格式规范,项目齐全。文稿的基本著录格式为:题名.姓名.作者单位.摘要.关键词.作者简介.正文等。若来稿为课题研究成果,须注明课题级别、名称、主持人及课题批准号等信息。

(二)〔题目〕应简明、确切,概括文章的要旨。一般不超过 20 个汉字。小三号黑体字。

(三)〔中文摘要〕以 200 字左右为宜,概述论文的主要内容与观点。五号楷体。

(四)〔关键词〕可选 3~6 个,反映文章的类别及最主要内容,以分号隔开。五号楷体。

(五)〔作者简介〕注明:姓名、学位、单位(邮编)、职务、职称、研究方向、联系电话、电子邮箱。五号楷体。

(六)〔正文〕以 8000~30000 字为宜,也欢迎连载稿件。正文应中心明确,分层论述。各层次标题格式为一级标题:一、……;二级标题:(一)……;三级标题:1.……;四级标题:(1)……;五级标题:①……。一般三至四级标题为宜,不超过五级。正文字体均为五号宋体字体。一级标题应加黑居中。

(七)引用文献及注释均采用脚注的方式,每页重新编号。具体注释格式请参考《中亚研究》注释示例。

《中亚研究》注释示例

一 著作

示例：

赵常庆：《中国与中亚国家合作析论》，社会科学文献出版社，2012，第88页。

《毛泽东选集》第1卷，人民出版社，1991，第3页。

二 译著

示例：

〔美〕弗朗西斯·福山：《历史的终结及最后之人》，黄胜强、许铭原译，中国社会科学出版社，2003，第7页。

三 析出文献

示例：

吴宏伟：《2009年中亚政治经济形势与未来发展》，《俄罗斯东欧中亚国家发展报告》（2009），社会科学文献出版社，2010，第88页。

四 期刊、报纸

示例：

潘志平：《区域史研究的考察——以中亚史为例》，《史学集刊》2012

年第 2 期。

杨恕:《上合发展,不必操之过急》,《环球时报》2012 年 6 月 11 日。

五　转引文献

示例:

费孝通:《城乡和边区发展的思考》,转引自魏宏聚《偏失与匡正——义务教育经费投入政策失真现象研究》,中国社会科学出版社,2008,第 44 页。

六　未刊文献

(一) 学位论文、会议论文等

标注顺序:责任者/文献题名/论文性质/地点或学校/文献形成时间/页码。

示例:

曾向红:《霸权世界观与国际关系——和谐世界观的批判使命》,博士学位论文,兰州大学,2010,第 56 页。

石泽:《关于中哈关系的若干思考》,第八届中亚学术研讨会论文,兰州大学,2006 年 11 月,第 39 页。

(二) 档案文献

标注顺序:文献题名/文献形成时间/藏所/卷宗号或编号。

示例:

《汉口各街市行道树报告》,1929,武汉市档案馆藏,资料号:Bb1122/3。

七　网络文献

标注顺序:文献题名/作者或网站名称/获取或访问路径/发布时间。

示例:

中央政府门户网站:《国家主席习近平在上海会见塔吉克斯坦总统拉赫蒙》, http://www.gov.cn/xinwen/2014 - 05/19/content _ 2682098. htm, 2014 年 5 月 19 日。

八　外文文献

(一) 专著

标注顺序:责任者与责任方式/书名/出版地/出版者/出版时间/页码。书名用斜体,其他内容用正体;各标注项目之间用英文逗号隔开(下同)。

示例:

Seymou Matin Lipset and Cay Maks, *It Didnatin Lipset and Cay Maks*, 书名用斜体,其他内容用正体;各标注项目之间用英文逗号隔开,如: W. W. Norton & Company, 2000, p. 266。

(二) 论文及析出文献

标注顺序:责任者与责任方式/析出文献题名/所载书名或期刊名及卷册/出版时间/页码。析出文献题名用英文引号标示,期刊名或书名用斜体,其他内容用正体。

示例:

Christophe Roux-Dufort, "Is Crisis Management (Only) a Management of Exceptions", *Journal of Contingencies and Crisis Management*, Vol. 15, No. 2, June 2007, p. 31.

来稿具体格式也可参考《中亚研究》往期刊发的文章,电子版下载地址:兰州大学中亚研究所网站 http://icas.lzu.edu.cn。

图书在版编目(CIP)数据

中亚研究.2016年.第1辑：总第3辑/杨恕主编. -- 北京：社会科学文献出版社，2016.12
 ISBN 978-7-5201-0015-1

Ⅰ.①中… Ⅱ.①杨… Ⅲ.①中亚－研究 Ⅳ.①D736

中国版本图书馆 CIP 数据核字（2016）第 295368 号

中亚研究（2016年第1辑，总第3辑）

主　　编／杨　恕

出版人／谢寿光
项目统筹／高明秀
责任编辑／仇　扬　王小艳　李亚飞

出　　版／社会科学文献出版社·当代世界出版分社（010）59367004
　　　　　 地址：北京市北三环中路甲29号院华龙大厦　邮编：100029
　　　　　 网址：www.ssap.com.cn
发　　行／市场营销中心（010）59367081　59367018
印　　装／北京季蜂印刷有限公司

规　　格／开本：787mm×1092mm　1/16
　　　　　 印张：10.25　字数：156千字
版　　次／2016年12月第1版　2016年12月第1次印刷
书　　号／ISBN 978-7-5201-0015-1
定　　价／59.00元

本书如有印装质量问题，请与读者服务中心（010-59367028）联系

版权所有 翻印必究